2006 한국고고학저널

Journal of Korean Archaeology

근래 우리나라에서는 전국적으로 국토개발 사업이 진행되면서 그에 따른 문화재 훼손과 문화재 보존이 현안문제로 대두되고 있습니다. 각종 개발사업에는 지형변경이 수반되므로 문화재의 훼손이 불가피하며, 발굴 비용 및 기간을 감수해야 하는 개인 또는 사업시행자는 재산권 행사를 제한받고 있어 지속적으로 민원을 제기하고 있습니다.

우리 청은 국민의 사유재산 권익을 최대한 보장하면서도 한편으로는 우리 선조들의 얼이 담긴 문화유산에 대한 적절한 보존대책을 마련, 다음 세대에게 물려주어야 하는 막중한 책임이 있습니다. 그래서 개발과 문화재 보존이라는 상반된 문제를 합리적으로 조정해야 하고, 또한 일반국민들에게 문화유산의 이해도를 높이고, 소중함을 꾸준히 알리는 적극적인 교육·홍보활동이 필요합니다.

이러한 상황에서 **2006**년에 발굴된 중요 유적을 소개하여 우리 문화유산에 대한 자긍심을 제고할 수 있는 책자가 간행된 것은 참으로 시기적절하다 하겠습니다. 이 책자에 수록된 유적들은 이미 사적으로 지정되어 체계적으로 관리되어 온 유적도 있지만 대부분 개발행위를 통해 우연하게 발견된 것이어서 사전 발굴조사의 중요성을 다시 한번 생각하는 계기가 될 것입니다.

일본과 중국에는 오래전부터 우리 청에 해당되는 국가기관에서 한 해 발굴성과를 종합한 형태의 연간 정기 간행물을 발간하고 있습니다. 제가 이러한 외국의 책자를 접하면서 우리나라에서도 유사한 형태의 간행물이 있었으면 하는 생각을 한 적이 있는데, 연구소에서 이 책자를 발간하게 되어 개인적으로도 매우 기쁘게 생각합니다.

모쪼록 이 책자가 일반국민 및 외국인에게 우리나라 매장문화재의 중요성과 역사성을 인식하게 되는데 조금이라도 보탬이 되었으면 합니다. 아울러 발굴현장 최일선에서 무더위와 매서운 추위에 씨름하며 묵묵히 조사 소임을 수행한 발굴조사단을 비롯하여 이 책자가 발간하기까지 물심양면으로 도움을 주신 모든 분께 진심으로 사의를 표하는 바입니다.

2007년 11월

문화재청장 유 홍 준

　최근 들어 우리나라에서는 크고 작은 발굴조사가 전국적으로 활발하게 이루어지고 있습니다. 국가사적으로 지정되어 체계적으로 관리되어 온 유적에 대한 발굴조사도 있지만, 각종 개발사업에 수반되는 구제발굴조사도 적지 않습니다. 특히 구제발굴조사 과정에서 전혀 예상하지 못한 대규모 유적과 국보급 유물이 확인되는 사례가 있어 국민적인 관심을 불러일으키기도 합니다.　이렇게 새로 발견된 유적과 유물을 일반국민 뿐 아니라 학계에 소개하고 나아가 그 중요성을 널리 알리고자 우리 연구소에서는 전년도 창간호에 이은 "한국고고학저널 2호"를 발간하게 되었습니다.

　이번 책자에는 2006년에 조사된 많은 유적 중에서 학술적으로 의미있는 40개소의 유적을 선별, 각 유적마다 조사내용 및 성과 등을 간략하게 설명하고, 관련 사진과 도면을 수록하여 일반국민이 쉽게 이해할 수 있도록 편집하였습니다. 또한 개별유적에 대한 영문 초록도 함께 실어 외국인들도 국내고고학의 현황을 접할 수 있도록 구성하였습니다. 아울러 2006년 발굴조사의 내용과 성과를 간략하게 정리한 논고 2편을 책자 말미에 수록하여 그 활용도를 높였습니다.

　한편, 최근 우리 연구소를 비롯하여 조사기관에서 활발하게 진행되고 있는 해외유적 조사 현황도 소개하였습니다. 해외조사에서 발굴된 자료는 한반도와 주변지역의 비교연구에 귀중한 자료가 될 것으로 기대됩니다.

　모쪼록 이 책자가 우리나라 매장문화재의 중요성을 알리는 데 조금이나마 보탬이 되기를 바라며, 책자가 발간되기까지 수고를 아끼지 않은 편집 및 감수위원, 집필진, 유적조사연구실 직원, 특히 발굴현장 최일선에서 묵묵히 조사를 수행한 조사원에게 깊은 감사의 마음을 전합니다.

2007년 11월

국립문화재연구소장　김봉건

Ⅰ. 국내중요유적

Ⅱ. 해외유적

Ⅲ. 2006년도 조사현황 및 성과

考古學

연 표

구석기	신석기	청동기	초기철기

홍천 백이유적

경주 봉길리 주거지

아산 대흥리 주거지

진주 이곡리 고인돌

김천 문당동 나무널무덤

고성 철통리 주거지

대구 대천동 돌널무덤

울산 달천 수혈

대구 월성동

김해 율하리 묘역

70,000	8,000	1,000	300

홍천 백이 석기류

대구 월성동 석기류

경주 봉길리 출토 유물

붉은간토기

돌화살촉

돌칼   목걸이

대구 대천동

김천 문당동 천하석제 소옥

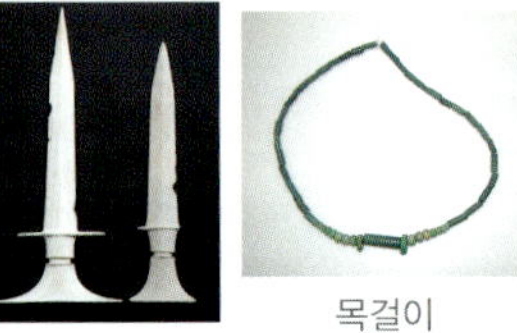

전주 효자동 세문경

울산 달천 철광석

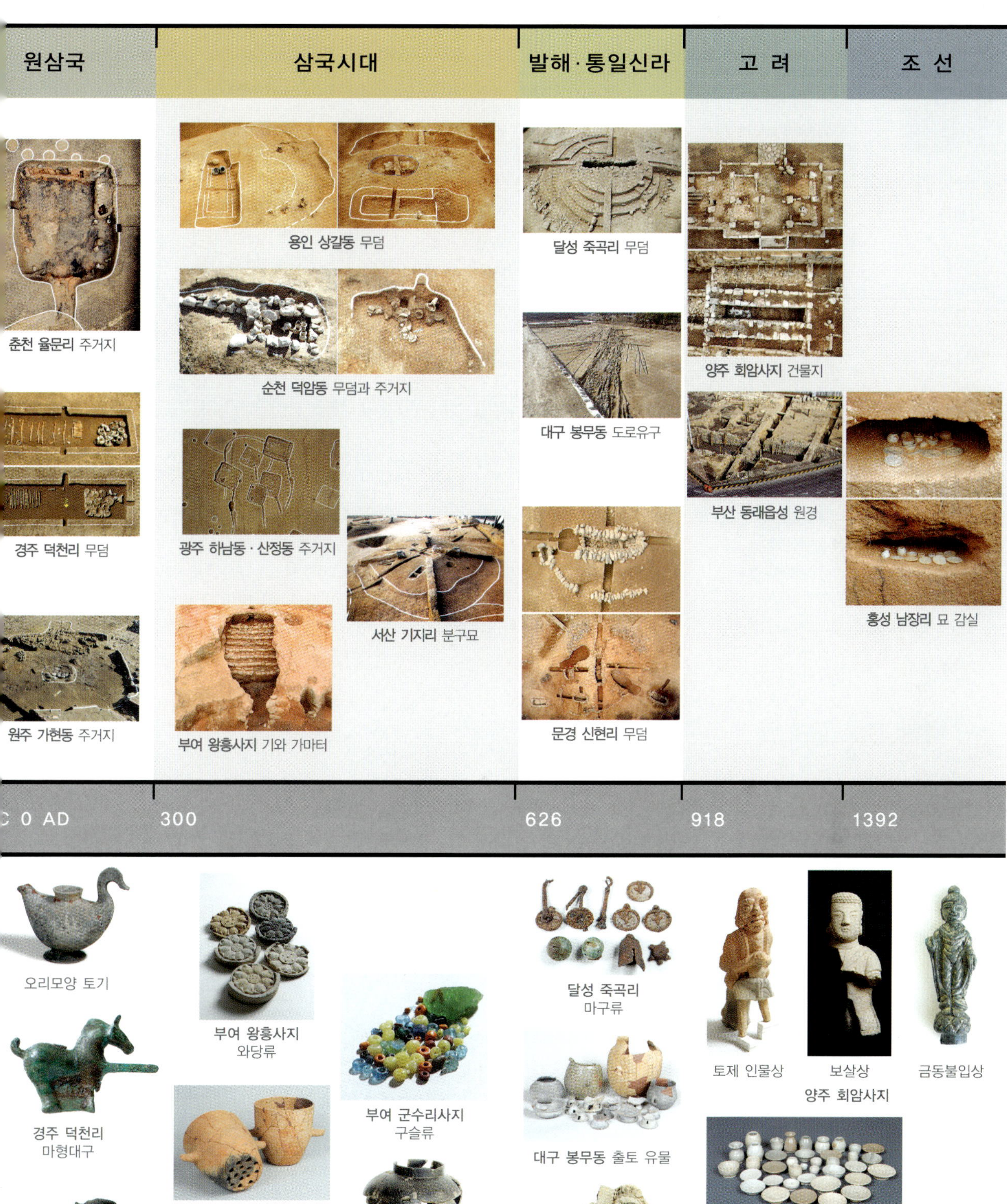

원삼국	삼국시대	발해·통일신라	고 려	조 선

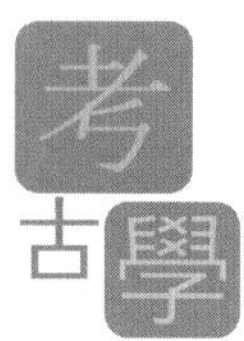

발굴조사 개요

유적명	조사기관	기 간	면 적
홍천 백이유적	(재)강원문화재연구소	2005. 7. 7~2005. 11. 5	20,576㎡
대구 월성동유적	(재)경상북도문화재연구원	2006. 4. 1~2006. 11. 30	10,500㎡
경주 봉길리유적	(재)신라문화유산조사단	2006. 8. 23~2006. 12. 29	863㎡
고성 철통리유적	(재)예맥문화재연구원	2006. 2. 27~2006. 10. 4	14,477㎡
홍천 외삼포리유적	(재)강원문화재연구소	2006. 6. 27~2006. 12. 23	9,410㎡
아산 대흥리유적	(재)충청문화재연구원	1차 : 2006. 2. 27~2006. 5. 2 2차 : 2006. 8. 7~2006. 9. 24	3,865㎡
진주 평거동유적(I구역)	(재)경남발전연구원 역사문화센터	1차 : 2005. 2. 14~2006. 8. 23 2차 : 2006. 11. 1~현재	1차 : 약 64,382㎡, 2차 : 약 85,075㎡
진주 이곡리유적	(재)동아세아문화재연구원	1차 : 2004. 7~2005. 1 2차 : 2005. 4~2006. 1 3차 : 2006. 12~2007. 5	128,274㎡
대구 대천동유적	(재)영남문화재연구원	2006. 7. 10~2007. 3. 21	17,388㎡
김해 율하리유적	(재)경남발전연구원 역사문화센터	2005. 5. 16~2006. 12. 19	126,634㎡
김천 문당동유적	(재)경상북도문화재연구원	2005. 7. 20~2006. 2. 4	15,941㎡
전주 효자동유적	(재)전북문화재연구원	2005. 5. 24~2005. 10. 22	50,451㎡
울산 달천유적	(재)울산문화재연구원	2006. 6. 12~2006. 8. 31	25,115㎡
춘천 율문리유적	(재)예맥문화재연구원	2006. 3. 20~2006. 4. 11	4,331㎡
원주 가현동유적	(재)강원문화재연구소	2004. 12. 30~2007. 5. 31	104,179㎡
경주 덕천리유적	(재)영남문화재연구원	2004. 6. 18~2006. 12. 23	35,320㎡
용인 상갈동유적	(재)고려문화재연구원	2006. 2. 23~2006. 7. 20	5,103.5㎡
오산 수청동유적	(재)경기문화재단 부설 기전문화재연구원	2005. 11. 8~2006. 9. 30	20,067㎡
서울 풍납토성	국립문화재연구소	2006. 3. 2~2006. 12. 30	5,950㎡
순천 덕암동유적	(재)남도문화재연구원	2005. 5. 24~2005. 10. 22	50,451㎡
광주 하남동 · 산정동유적	(재)호남문화재연구원	2005. 3. 28~2006. 7. 20	70,000㎡
나주 영동리고분군	동신대학교 문화박물관	1차 : 2005. 12. 13~2006. 2. 12 2차 : 2006. 10. 20~2007. 3. 5	9,203㎡
고흥 길두리 안동고분	전남대학교 박물관	2006. 2. 14~2006. 8. 12	약 150㎡
서산 기지리유적	공주대학교 박물관	2005. 7. 1~2006. 3. 30	63,793㎡
청원 연제리유적	(재)중앙문화재연구원	2006. 8. 25~2007. 1. 10	40,172㎡
용인 삼막곡유적	(재)경기문화재단 부설 기전문화재연구원	2004. 10. 1~2006. 1. 31	26,767㎡
부여 왕흥사지 기와가마터	국립부여문화재연구소	2006. 4~2006. 10	1,200㎡
부여 군수리사지	국립부여문화재연구소	2006. 4. 30~2006. 6. 30	5,987㎡
서울 용마산 2보루	서울대학교 박물관	2005. 10. 10~2006. 7. 4	1,400㎡
청원 남성골유적	(재)중원문화재연구원	2006. 3. 2~2006. 10. 18	4,033㎡
김해 관동유적	(재)경남고고학연구소	2005. 6. 3~2007. 11(예정)	59,844㎡
창원 신방리유적	(재)동아세아문화재연구원	1차 : 2005. 8. 17~2006. 6. 12 2차 : 2007. 2. 5~2007. 7. 24	9,405㎡
대구 봉무동유적	(재)영남문화재연구원	2004. 12. 20~2005. 12. 31일부로 조사 중지 중	29,970㎡
달성 죽곡리고분군	(재)경상북도문화재연구원	2006. 1. 7~2006. 8. 25	3,933㎡
문경 신현리고분군	(재)중원문화재연구원	2006. 2. 20~2006. 9. 15	1차-2,600㎡, 2차-2,225㎡
함안 성산산성	국립창원문화재연구소	2006. 3. 29~2006. 12. 22	4,200㎡
경주 사천왕사지	국립경주문화재연구소	2006. 4. 25~2006. 12. 30	3,200㎡
양주 회암사지(8차)	(재)경기문화재단 부설 기전문화재 연구원 · 경기도박물관	2006. 3. 29~2006. 12. 22	4,200㎡
부산 동래읍성 해자	(재)경남문화재연구원	2005. 7. 4~2006. 2. 15	1,200㎡
홍성 남장리유적	(재)충청남도역사문화원	2006. 1. 31~2006. 6. 23	22,600㎡

유적명	조사기관	기 간	면 적
베트남 호아빈 성 항쪼유적	서울대학교 고고미술사학과, 하노이국립대학교 고고학과, 베트남사회과학원 고고학연구소	2006. 12. 9~2006. 12. 23	30㎡(발굴면적)
연해주 체르냐티노-5 발해 고분군	문화재청 한국전통문화학교, 러시아 극동국립기술대학교	2006. 6. 25~2006. 8. 13	약 490㎡
연해주 크라스키노 발해성터	동북아역사재단, 러시아과학원 극동지부 역사학고고학 민속학연구소	2006. 8. 5~2006. 8. 26	250㎡
2006 한·러 공동 연해주 고고유적 학술조사	국립문화재연구소, 러시아과학원 극동지부 역사학고고학 민속학연구소	2006. 3~2006. 10(3차례)	

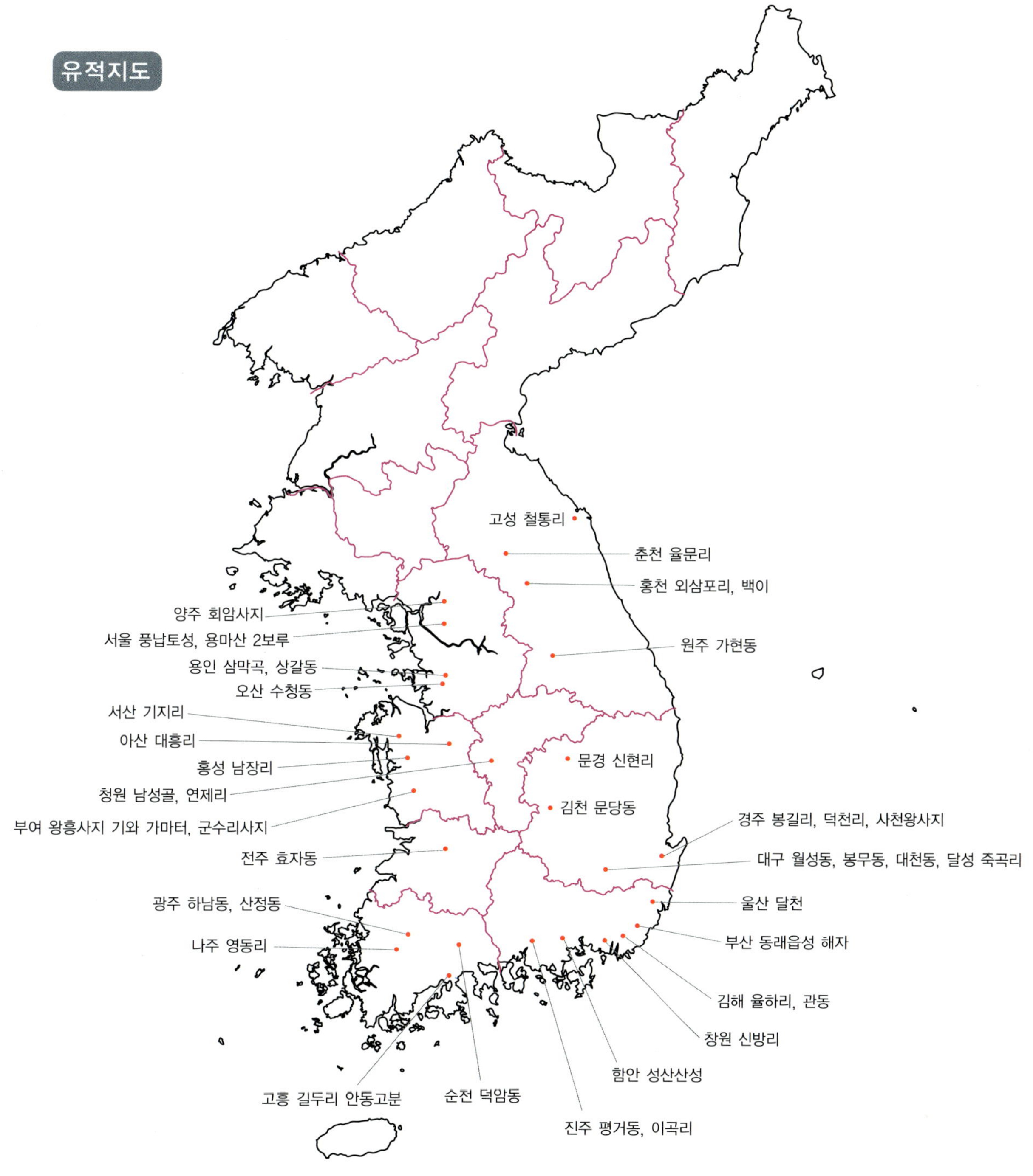

  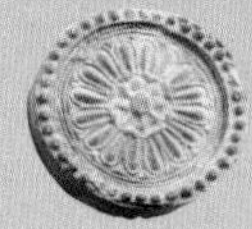   

Ⅰ. 국내중요유적

| Journal of Korean Archaeology |

새롭게 밝혀지는 홍천강 유역의 중기 구석기문화

Baeki, Hongcheon

강원문화재연구소

홍천 백이유적에서 구석기시대 뗀석기가 출토하는 범위는 9,000㎡에 이르며, 3개 문화층에서 992점의 유물이 출토되었다. 각 문화층별로 살펴보면, 가장 아래의 1문화층(적갈색사질층)에서 496점, 2문화층(적갈색점토층)에서 138점, 3문화층(암적갈색점토층)에서 338점이 발굴되었다. 유물은 1문화층에서 가장 많이 나왔고, 그 다음은 3문화층에 해당한다.

유물이 집중적으로 출토하는 구역은 크게 두 지점으로 구분된다. 북서쪽 구릉 정상부인 ㄷㄹㅁ1~6칸에 3개 문화층 유물이 60% 이상 집중되어 있다. 남서쪽 계곡부인 ㅅ8·9칸, ㅇ7~9칸, ㅈ7·8칸에는 1문화층 유물이 밀집된 양상으로 나타난다. 출토유물의 공간 분포로 판단할 때, 홍천 백이유적의 구석기인들은 구릉의 사면보다는 주로 평탄지에서 뗀석기를 제작한 행위가 이루어졌음을 보여준다.

각 문화층별로 돌감과 석기 종류의 차이는 거의 없다. 돌감은 주로 규암과 석영암을 사용하였고, 일부 산성화산암제 돌감을 사용한 예도 보이고 있다. 산성화산암제 돌감은 1·3문화층과 지표에서 14점이 확인되었다. 석기의 종류는 몸돌, 격

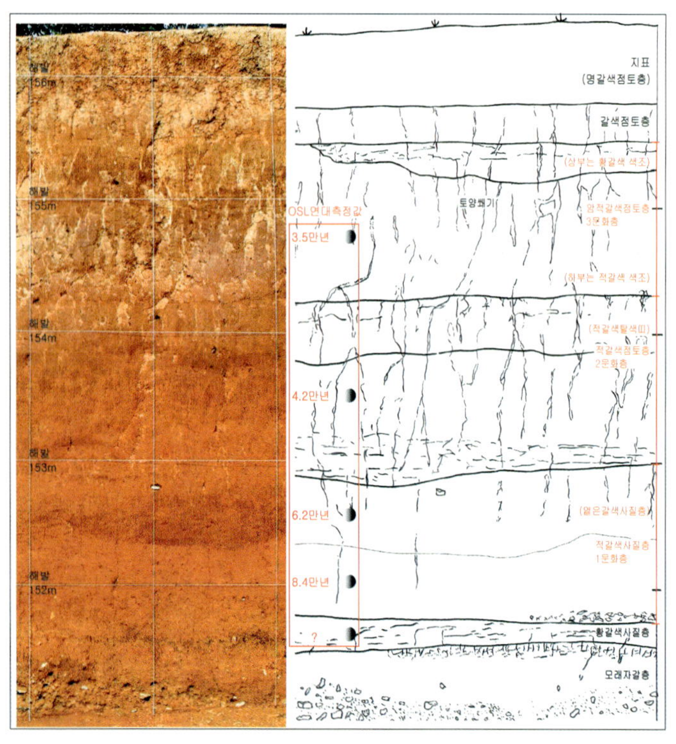

토층단면 및 층위도
Stratigraphy of the Baeki Site

ㅁㅂ 6칸 북벽모습
The northern wall

지, 조각돌과 주먹도끼, 주먹찌르개, 찍개, 주먹대패, 여러면석기, 긁개, 홈날, 부리날 등으로 몸돌과 격지, 몸돌석기가 대부분을 차지한다. 몸돌은 양질의 규암을 돌감으로 삼아 중대형의 몸돌로 사용된 것과 판판한 산성화산암제를 돌감으로 해 한쪽 면만 서너 번 떼어낸 것이 주목된다. 대부분의 몸돌석기는 어른 손바닥이나 주먹만한 규암제 강자갈돌을 돌감으로 삼아 주먹도끼나 주먹찌르개, 주먹대패나 찍개, 여러면석기 등을 제작하였다. 특히 홍천 백이유적의 가장 상부 문화층인 3문화층의 유물 구성이 찍개나 주먹도끼, 주먹찌르개, 주먹대패, 여러면석기 등 중대형의 몸돌석기 위주의 석기구성을 보이는 점이 특징이다.

홍천 백이유적의 가장 하부 문화층에 해당하는 1문화층의 지층은 인근에서 발굴조사된 작은솔밭유적의 Ⅳ문화층(제 6지층)과 비교된다. 이 강자갈층은 BP 79±4kyrs(OSL)로 연대측정되었다. 작은솔밭유적과 백이유적에서 이루어진 OSL 연대측정 결과를 상호검토할 때, 백이유적 1문화층의 연대는 약 8만년 전을 전후한 시기인 중기구석기시대로 추정된다. 백이유적은 구석기문화의 전파나 그 이동경로 및 지역적인 특수성 등을 상호 연구하는 데 중요한 역할을 할 것으로 생각된다.

(집필 : 김선주, 감수 : 한창균)

Baeki, Hongcheon

The Baeki site, in Hongcheon, situated in the central region of the Korean peninsula, yielded in many Palaeolithic artefacts. A total of 992 lithics are discovered in three cultural layers, 446 in the Stratum No.1, 138 in the Stratum No.2 and 338 in the Stratum No. 3 respectively. Artefacts were densely clustered in the summit of the northwestern part of hill and southwestern part of valley.

Most of artefacts are made from quart and quartzite. Even though stone implements constituting cores, choppers, handaxes, polyhedrons, side-scrapers, notches, flakes and debris are showing relatively equivalent distributional patterns in all three layers, the large sized core tools such as handaxes, picks, planes and polyhedron are concentrated on the Stratum No. 3 dating to around 80,000 BP.

석기류
Stone Implements

대구분지에서 최초로 발굴된 후기 구석기유적

Wolseongdong, Daegu

경상북도문화재연구원

이 유적은 대구분지에서 최초로 발굴된 구석기유적이다. 유적은 대구분지의 남쪽 경계인 앞산(658.7m)과 청룡산(793.1m)의 북서쪽 지역에 형성된 월배 선상지의 선단부에 위치한다.

유적의 지층은 위에서부터 찰흙층, 토양쐐기가 발달한 찰흙층, 자갈과 모래로 구성된 사력층, 사질점토층, 기반역층의 순으로 퇴적되어 있으며 토양쐐기가 발달한 찰흙층의 상면이 문화층으로 석기유물이 집중 출토되었다.

발굴구역에서 석기유물이 분포하는 범위는 약 200㎡ 정도인데, 이곳에서 4군데로 나뉘어 석기가 집중적으로 분포하고 있다. 여기서는 망치돌을 비롯하여 몸돌과 박편, 부스러기 등이 집중적으로 출토되고 있어 당시의 석기제작장으로 판단된다. 석기를 구성하는 석재는 주변에서 쉽게 구할 수 있는 혼펠스(97.16%)가 대부분이다. 이밖에 흑요석(2.48%)과 석영(0.3%), 규암(0.3%), 플린트(0.3%) 등의 석재도 포함되어 있다. 이 가운데 흑요석제 석기는 당시 구석기인들의 이동과 교역 등의 실마리를 풀 수 있는 중요한 유물로서 석재의 원산지를 밝히는 작업이 필요하다.

이 유적에서는 13,500여 점에 달하는 석기유물이 발굴되었다. 이들 유물은 부스러기 12,000여 점, 좀돌날 1,089점, 성형석기 199점, 좀돌날몸돌 70점, 돌날 68점, 망치돌 3점 등으로 구성된다. 성형석기는 후기구석기시대의 특징을 가지고 있는 긁개, 밀개, 새기개, 뚜르개, 홈날석기와 톱니날석기 등이 있다.

대구 월성동 구석기문화층의 연대를 정확하게 추정하

조사 모습
View of Experimental Work

는 자연과학적 분석이 현재 진행되고 있다. 좀돌날석기는 우리나라 다른 유적에서 대략 BP 25,000 ~10,000년 사이에 속하는 것으로 그 연대가 알려지고 있다. 이에 근거하면 월성동 유적의 연대는 잠정적으로 후기구석기시대 늦은 시기에 해당한다고 볼 수 있다.

이 유적은 대구분지에서는 처음으로 확인된 후기구석기시대 유적이며, 고고학적으로 매우 중요한 자료를 제공하고 있다. 지리적으로 월배 선상지 일대에서는 월성동 유적과 비슷한 시기 혹은 그보다 이른 시기의 유적이 발견될 가능성이 높다. 따라서 이러한 지역에 대한 향후 면밀하고 체계적인 조사가 필요하다.

(집필 : 양하석, 감수 : 한창균)

층위도
Stratigiraphy of the Wolseongdong Site

Wolseongdong, Daegu

Wolseongdong is the firstly identified Palaeolithic site in Daegu Basin. Lithics were intensively distributed about 200m². Artefacts were clustered in the four sectors in accordance with density. The representative artefacts, such as hammerstones, cores, flakes and debris, suggest that this site was functioned as a workshop. Raw material of these artefacts predominantly consists of hornfels (97.16%) which was ubiquitously scattered near this area. In addition, obsidian (2.48%), quart (0.3%), quartzite (0.3%) and flint (0.3%) are composed of the minorities.

Among them, obsidian is a key material resource to elucidate the migration and trade route of the Palaeolithic people.

A total of approximately 13,500 lithics is composed of 12,000 debris, 1,089 microblades, 199 shaped tools and 70 microblade cores and 68 blades and three hammerstones. The shaped tool comprises scrapers, end-scrapers, points and awls.

석기류 Stone Implements

경주 지역에서 최초로 발굴된 신석기시대 주거지

Bongili, Geongju

신라문화유산조사단

이 유적은 신라고도 경주에서 최초로 확인된 신석기시대 마을 유적이다. 조사지역은 총 9개의 층위를 이루고 있는데, III층과 IV층은 통일신라시대와 삼국시대 유구층이고, V층과 VI층은 신석기시대 유구층이다.

조사결과, 신석기시대 주거지 3기(1호, 2호, 4호), 청동기시대 주거지 1기(3호), 삼국시대 도랑, 소토유구, 통일신라시대 고래시설, 석군 2기, 수혈 등 총 10기의 유구가 확인되었다.

유적 원경
Distant Perspective of the Bongili Site

이 중에서 신석기시대 주거지가 주목되는데, 1호는 평면형태가 사각형이고, 장축방향은 남–북이다. 크기는 장축길이 3.3m, 단축길이 2.7m 잔존깊이 15cm이다. 내부시설로는 주혈 13기, 수혈 1기, 노지 1기가 확인되었다. 주거지 내부에서는 신석기시대 중기의 태선어골문(太線漁骨文) 토기편이 출토되었다.

2호 주거지는 1호 주거지에서 남쪽으로 약 2.5m 떨어진 지점에 있다. 평면형태는 사각형이고, 장축방향은 남–북이다. 크기는 장축길이 3.6m, 단축길이 3.3m, 잔존깊이 20cm이다. 내부시설로는 적석노지, 수혈, 주혈 10기가 확인되었는데, 특히 적석노지의 하부에는 다량의 목탄이 조사되었다. 1호와 동일하게 태선어골문(太線漁骨文) 토기편이 출토되었다.

4호 주거지는 2호 주거지에서 남동쪽으로 약 17m 떨어진 지점에 있다. 평면형태는 타원형이고, 장축길이 6.5m, 단축길이 5.7m, 최대깊이 26cm에 이르는 대형에 속한다. 내부시설로는 타원형·원형의 형태를 띠는 수혈 6기와 주혈 19기가 확인되었다. 주거지 내부에서는 신석기 전기의 자돌문(刺突文)토기편과 중기의 태선어골문(太線漁骨文)토기편, 전면구획문

1호 주거지
Dwelling No. 1

4호 주거지
Dwelling No. 4

(全面區劃文)토기와 갈돌[石棒], 합인석부(蛤刃石斧), 숫돌[砥石], 이형석제품(異形石製品) 등 다수의 석제유물도 출토되었다. 4호의 특징적인 점은 주거지의 서쪽으로 직경 20~50cm 내외의 원형수혈이 남북방향으로 21기가 분포하고 있는 것이다.

한편 신석기시대 문화층으로 판단되는 V층에서 즐문토기편이 다량 출토되었다. 이 중에서 신석기시대 말기(B.C. 2,000~B.C. 1,000)의 이중구연(二重口緣)토기편이 소량 확인되었다.

봉길리 유적은 경주지역에서 신석기시대 주거지가 처음 확인된 곳으로, 이 지역의 신석기 문화연구에 있어 중요한 단서를 제공하리라 판단된다. 본 유적에서 출토된 신석기시대 태선어골문(太線漁骨文)토기, 압인단사선문(押印短斜線文)토기, 사격자문(斜格子文)토기, 자돌점열문(刺突點列文)토기 등은 김해 수가리 패총의 I식 토기에 해당하며 신석기 중기(B.C. 3,500~B.C. 2,700)로 편년된다. 아울러 유적 내 남쪽 V층에서 신석기시대 중기 토기편과 함께 출토된 토제 남근의 경우, 당시 의례생활의 한 단면을 볼 수 있는 귀중한 자료로 여겨진다.

(집필 : 유환성 · 하향주, 감수 : 한창균)

Bongili, Geongju

The Bongili Site, Gyeongju, was continuously occupied from the Neolithic Era to the United Three Kingdom Period. This site consists of three Neolithic dwellings, one Bronze-Age dwelling, a ditched structure and burned soil structure of the Three Kingdom Period and an underfloor heating system, pit structures and two clusters of boulder of the United Silla Period

Among them, the Neolithic dwelling is the most important feature since this is the first Neolithic settlement that has been excavated in Geongju, the capital of Silla kingdom. The oval-shaped pit dwelling is estimated to the early Neolithic Era (B.C. 4,500-B.C. 3,500), and the rectangular shaped pit dwelling is dated to the mid-Neolithic era (B.C. 3,500-B.C. 2,700) based on the seriation of comb-ware pottery.

토기류
Ceramic Vessels

This site offers the important clues to trace the disseminating routes and cultural characteristics of the Neolithic culture in the coastline of the East Sea in Korean peninsula. In addition, the discovery of a phallus terra-cotta dated to the mid-Neolithic is one of the important results in that it shed light on the ceremonial life of the ancient times.

신석기시대 토기
Ceramic Vessel in the Neolithic Era

토제 남근
Phallus Terra-cotta

석기류
Stone Implements

동해안의 구릉 정상부에서 최초로
확인된 신석기시대 주거지

Cheoltongri, Goseoung

예맥문화재연구원

고성 철통리유적에서는 강원 영동지방 최초로 구릉 정상부에서 신석기시대 주거지가 발굴되었다. 이 유적은 해발 30~40m의 구릉 정상부에 자리를 잡고 있으며, 열을 지은 모습으로 나타난 신석기시대 주거지 7기가 확인되었다. 이밖에도 청동기시대 주거지 4기, 조선시대 주거지 4기, 수혈유구(竪穴遺構) 28기, 구상유구(溝狀遺構) 6기 등 모두 60여 기의 유구가 조사되었다.

유적 원경
Distant Perspective of the Cheoltongri Site

신석기시대 주거지는 남–북 방향으로 흐르는 능선의 등줄기를 따라 분포하며, 그 평면형태는 사각형이다. 각 주거지는 대부분 2~5m 정도의 간격을 두고 인접하여 있는데, 3호 주거지만이 다른 주거지와 25m 정도 떨어져 위치한다. 주거지는 능선 정상부의 아주 평탄한 지점에 위치한다. 현재로서는 주거지의 상부구조를 알 수 없어 확언할 수 없지만, 주거지 구조와 축조방식의 후진성에 기인하고 있을 가능성도 있다.

주거지의 규모는 약간의 차이를 보이고 있어 대 · 중 · 소형으로 구분이 가능하다. 대형(7호)은 한 변이 약 550㎝이며, 면적은 약 30㎡이다. 중형(5 · 6 · 8호)은 한 변이 약 400~450㎝ 내외이며, 면적은 약 15~20㎡이다. 소형(3 · 9 · 10호)은 한 변이 320~350㎝ 내외이며, 면적은 약 10~13㎡이다. 주거지 규모에 따라 기둥구멍의 배치형태가 차이를 보이고 있다. 즉 대형과 중형은 4주식(四柱式)이며, 소형은 기둥구멍이 2주식(二柱式)이다.

신석기시대 주거지 배치 상태(10호 → 5호)
Plan of the Neolithic Dwelling (Dwelling No.10→No. 5)

5호 주거지
Dwelling No. 5

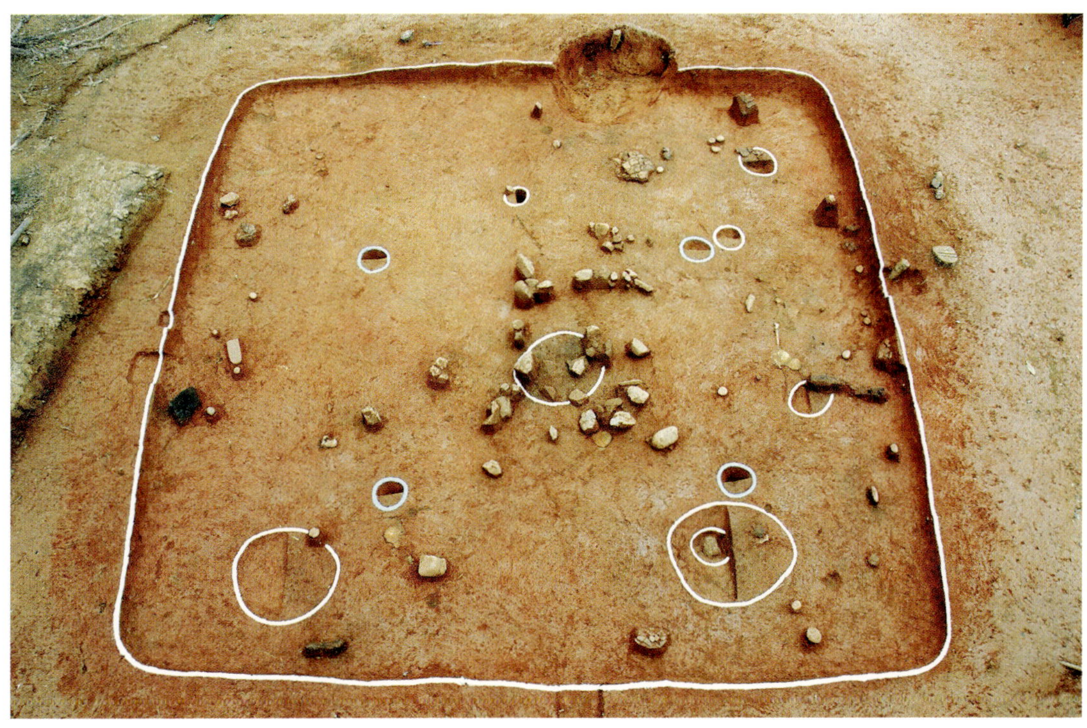

7호 주거지
Dwelling No. 7

　주거지의 바닥은 맨바닥이 그대로 사용되었으며, 일부 주거지의 중심부에는 직경 50~80㎝, 깊이 5~15㎝ 내외로 바닥을 파서 화덕자리가 마련되었다.

　철통리유적에서는 빗살무늬토기편, 돌도끼, 석재 어망추 및 어망추를 제작하기 위한 석재, 갈돌 등이 발굴되었다. 빗살무늬토기는 전체 주거지에서 모두 출토되었다. 문양은 단사선문(短斜線文)과 횡주어골문(橫走魚骨文)이 다수를 차지하며, 아가리쪽에 부분적으로 시문되어 있는 것으로 나타난다. 문양은 상당히 퇴화된 모습을 지닌다. 따라서 철통리 신석기유적의 토기는 기존에 강원도 동해안지역의 해안사구지대에서 조사된 유물보다 시기적으로 후행하는 것으로 판단된다.

　석기는 3·5·6·7·10호에서 출토되었는데, 특히 5호에서는 돌도끼[石斧] 6점, 갈돌[石棒], 석재가 출토되었다. 그리고 7호에서는 갈돌, 그물추 및 그물추를 제작하기 위한 재료로 판단되는 석재(몸돌)가 다수 출토되었다. 주거지에 따라 출토유물이 성격이 다른 점은 당시 이곳에 거주하였던 신석기인들의 생업이 분화되어 있었을 가능성을 알려준다.

　이번 고성 철통리 신석기시대 주거지의 발굴을 통하여, 강원도 동해안지역에서는 신석기시대 조기~중기까지는 해안가 사구지대에 주거지가 입지하고 있었으나, 신석기시대 후기에 이르러서는 주거지가 구릉으로 이동하였음을 알려주는 자료가 확보되었다.

(집필 : 박수영, 감수 : 한창균)

돌도끼
Stone Axes

Cheoltongri, Goseoung

The Cheoltongri site is located on the summit of hill which rises six metres above the sea level. Seven dwellings are linearly arranged, this site is the firstly excavated Neolithic site which appears in the inland location of the eastern of Gangwon Province. The established date of this site could be supposed to the late Neolithic Period based on the chronological sequence of artefacts found at sites located in the coastline of East Sea.

그물추
Net Sinkers

The assemblage of artefacts is varied in accordance with each residential dwelling. For example, stone axes classified into implement are predominantly discovered in the settlement No. 5; and net sinkers and stone materials for manufacturing net sinker are dispersed in the settlement No. 7. This fact therefore might imply the diversification of subsistence patterns among social components.

The archaeological evidence excavated at the Cheoltongri site will offer in valuable information to reveal the transitional process of settlement patterns during the Neolithic Era.

강원도 무문토기의 시작을 알리는 청동기시대 주거지

Wesampori, Hongcheon

강원문화재연구소

이 유적은 홍천강변의 충적지대에 위치하며, 고속국도 건설공사부지에 대한 발굴조사 과정에서 확인되었다. 유적은 신석기~청동기시대 복합유적인데, 특히 새김덧띠무늬토기[刻目突帶文土器]가 출토되는 청동기시대 주거지가 주목된다. 이 유적에서는 신석기시대 야외노지 5기, 청동기시대 주거지 5기, 고인돌 1기, 구상유구 8기와 다수의 수혈유구가 확인되었다.

청동기시대 주거지의 평면 형태는 방형(3·5호)과 장방형(1·2·4호)으로 나누어진다. 방형주거지에서는 점토를 깔고 강돌을 박아 불막음시설을 한 화덕자리[爐址]가 확인되었고, 기둥받침돌[柱礎石]로 사용된 것

유적 원경
Distant Perspective of the Waesampori Site

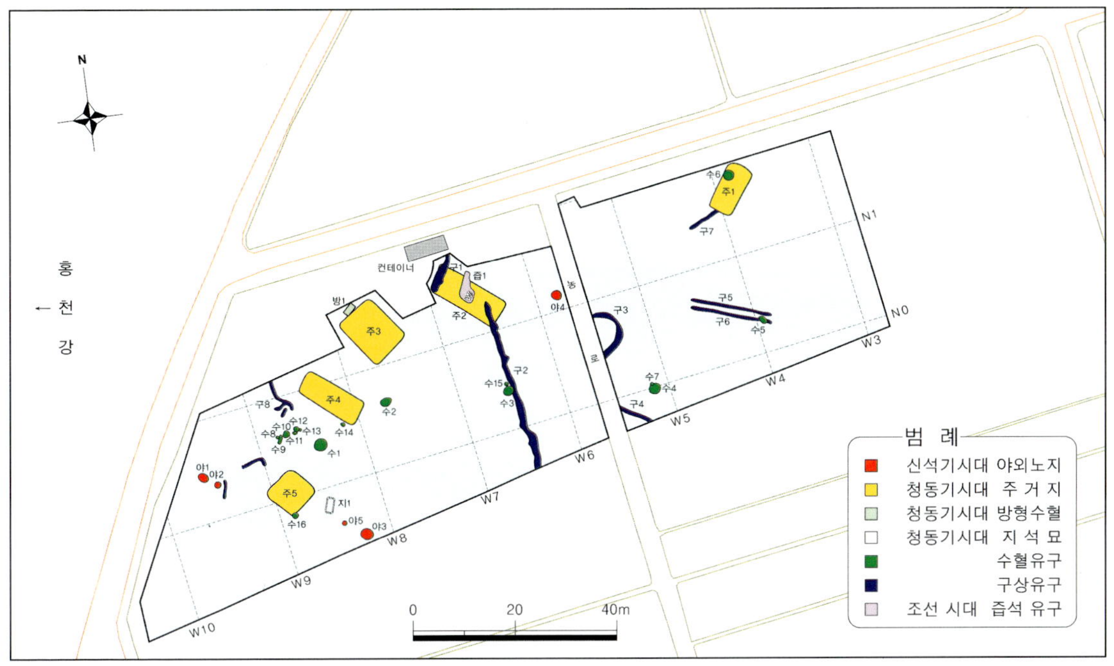

유구 배치도 Plan of the Waesampori Site

으로 추정되는 편평한 강돌이 여러 점 확인되었다. 장방형주거지에서는 무시설식이거나 엉성하게 돌을 둘러 박은[圍石式] 화덕자리가 확인되었다.

방형주거지에서는 새김덧띠무늬토기[刻目突帶文土器], 이중구연토기편(二重口緣土器), 돌화살촉[無莖式石鏃], 돌칼[石刀] 등이 출토되었고, 장방형주거지에서는 구멍무늬토기[孔列文土器], 붉은간토기[紅陶], 돌화살촉[有莖式石鏃], 돌도끼[合刃石斧] 등이 출토되었다.

이 유적에서는 신석기~청동기시대의 다양한 유구가 확인되어, 홍천강 유역의 선사시대 문화상을 잘 보여준다. 특히 새김덧띠무늬토기를 공반한 주거지는 한반도 내에서 한강유역과 낙동강유역의 충적지를 제외하고 조사된 예가 드문데, 최근 외삼포리유적 뿐만 아니라 주변의 홍천 철정유적(홍천강 유역)과 정선 아우라지유적(남한강 상류지역)에서도 확인되어 청동기시대 이른 시기의 문화 양상과 전파 경로를 규명하는데 중요한 학술적 자료를 제공할 것으로 보인다.

(집필 : 이희준, 감수 : 이상길)

Wesampori, Hongcheon

In the Wesampori site, Hong-cheon, five outdoor hearths of the Neolithic Era, and five dwellings, eight ditched structures, one dolmen and numerous pit structures of the Bronze Age have been unearthed. Among them, square-shaped dwellings are most important feature.

In these dwellings, hearths constructed by clay covers on the floor and enclosed by boulders and a few boulders used to the foundation of pillar have been identified. Stripe carved potteries, double rim potteries, perporated rim potteries, and stone knife and arrowheads have been excavated. Particularly, the dwelling including stripe carved potteries has rarely discovered besides alluvial plain of the Han River Basin and the Nakdong River Basin. Therefore, it would give important data to investigate the cultural aspects and diffusion routes of the early phase of the Bronze Age.

새김덧띠무늬토기 세부
Detail of Stripe Carved Pottery

출토 유물
Artefatcs

3호 주거지 Dwelling No. 3

5호 주거지 Dwelling No. 5

청동기시대 마을의 확대를 보여주는 유적

Daehungri, Asan

충청문화재연구원

이 유적은 삽교천의 동쪽에 위치한 해발 50~30m 정도의 구릉에 분포하는 청동기시대 생활유적이다. 조사결과 주거지 22기, 수혈유구 25기, 구상유구(溝狀遺構) 8기와 주구토광묘 1기가 조사되었다.

구릉 정상부에는 세장방형 주거지가 등고선과 나란하게 배치되어 있는 반면, 중·상단부에는 장방형 주거지가, 중·하단부에는 세장방형 주거지가 중복되어 분포하는 특징을 보인다. 특히 세장방형 주거지가 장방형 주거지보다 후대의 것으로 확인되어 장방형→세장방형의 시간적 설정이

유적 원경
Distant Perspective of the Daehungri Site

14호 주거지 전경 Dwelling No. 14

가능하다. 이는 시간 추이에 따른 마을의 확대와도 관련이 있는 것으로 판단된다. 대부분의 주거지에 무시설식 화덕자리[爐址]와 벽구(壁溝)가 있으며, 세장방형 주거지에서는 소형의 저장 구덩이가 확인된다. 장방형 주거지의 경우, 화덕자리가 북쪽 단벽에 치우쳐 있고 남쪽에서 토기가 집중적으로 출토되는 점으로 보아 주거지의 공간분할이 이루어졌던 것 같다.

출토유물로는 발형토기, 호형토기, 구순각목+공열토기(口脣刻目孔列土器), 이중구연단사선문토기, 방추차(紡錘車), 돌화살촉[石鏃], 돌끌[石鑿], 반달돌칼[半月形石刀], 석검, 환상석부(環狀石斧), 합인석부(蛤刃石斧), 갈판 등이 출토되었다. 또한 14호 주거지에서는 쌀로 추정되는 탄화곡물이 검출되었다.

수혈유구는 평면형태가 원형과 방형, 장방형으로 구분된다. 원형은 조사지역의 중·상단부에서 주로 확인되는 반면, 중·하단부에는 방형 및 장방형 수혈유구가 배치되어 있다. 이와 같은 배치는 주거지 배치와 궤를 같이한다. 수혈유구의 내부 중앙에서 타원형의 무시설식 화덕자리가 확인되며, 출토유물은 주거지와 유사하다. 등고선과 나란한 구상유구는 정상 부근의 세장방형 수거지와 중복되었는데, 주거지가 구상유구보다 늦게 조영된 것으로 확인되어 상단부의 장방형 주거지의 배치 시점과 동일

14호 주거지에서 출토된 탄화곡물
Carbonised Cereals from the Dwelling No. 14

1호 주거지 전경
Dwelling No. 1

한 것으로 판단되었다.

이 유적은 청동기시대 전기 취락으로 유물을 통한 시기차는 확인되지 않았으나, 유구간의 중복관계를 통해 취락의 확대와 생활상 복원의 중요한 자료이다. 특히, 청동기시대 주거지 내부에서 확인된 탄화곡물은 당시의 식생활 및 생업경제와 관련하여 중요한 자료이다.

(집필 : 김백범, 감수 : 이상길)

Daehungri, Asan

Daehungri, in Asan, is a settlement site dated to the early phase of the Bronze Age placed in the eastern hillside of the Sapgyo River which rises 30-50metres above the sea level. A total of 55 features constituting 22 dwellings, 25 pit structures and eight ditched structures have been excavated since 2006. The overlapping pattern among features informs the process of expansion of settlements; and particularly, carbonised cereals found in settlement No. 14 offers invaluable information to the diet life and the subsistence economy of the Bronze Age.

출토 유물
Artefatcs

남강 하류의 대규모 복합 유적

Pyeongeodong, Jinju

경남발전연구원

이 유적은 구석기시대부터 조선시대까지의 다양한 유구와 유물이 확인된 복합유적이다. 유적은 남강 하류의 자연제방(自然堤防)과 배후저지(背後低地)에 위치하며, 일부는 배후의 낮은 구릉말단부에 걸쳐 있다. 자연제방대에는 주거지, 무덤, 구, 수혈, 밭, 도로, 제사유구 등이 분포하며, 배후저지에는 논과 밭 등의 경작유구가 입지한다.

구석기유물은 충적지의 배후에 입지한 구릉의 끝자락에서 제4기층과 함께 확인되었다. 유물은 긁개, 몸돌, 격지 등 20여 점이 출토되었다. 신석

삼국시대 도로 모습
Road Structrure
in the Three Kingdom Period

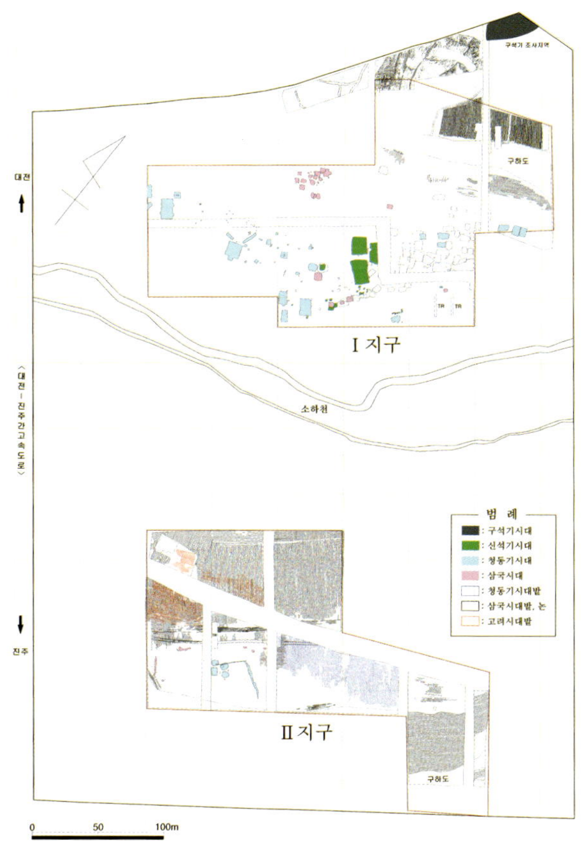

유구배치도 Plan of the Pyeongeodong Site

기시대 유구는 수혈만이 확인되며, 내부에서는 빗살무늬토기편, 탄화된 도토리 등이 출토되었다.

청동기시대 유구로는 주거지, 석관묘, 수혈, 구(溝), 제사유구, 밭 등이 확인되는데, 크게 전기와 중기로 나누어진다. 전기는 장방형의 대형주거지로 대표되며 내부에 화덕자리[爐址]가 있는 것과 없는 것으로 구분된다. 화덕자리가 확인된 주거지 중에는 판석부위석식노지(板石敷圍石式爐址)를 설치한 것이 있는데, 내부에서 반월형석도, 석제방추차, 삼각만입석촉, 숫돌 등의 석기와 새김덧띠무늬토기[刻目突帶文土器], 무문토기편 등이 출토되었다. 중기의 주거지는 방형이며, 내부에 타원형의 수혈과 양 주혈이 있다.

삼국시대 유구는 주거지, 수혈, 도로유구, 논, 밭 등이다. 주거지는 평면형태가 (장)방형이며 입구가 있는 것도 확인된다. 내부에는 아궁이시설이 확인되며, 적갈색연질 옹, 시루, 파수부토기편 등이 출토되었다. 논은 구릉말단부와 자연제방 사이의 배후저지에서 확인된다. 논의 층위는 상층과 하층으로 구분되며, 상층은 다시 제1논층과 제2논층으로 구분된다. 논에서는 논둑, 물꼬[水口], 식재흔[株跡], 소 발자국, 사람 발자국, 쟁기흔 등이 확인된다. 유물은 타날문토기편, 경질토기편이 출토되었다. 고려시대는 밭이 대부분이고, 조선시대의 논과 밭도 확인되었다.

평거동유적 I구역에서 가장 넓은 범위를 차지하고 있는 것이 밭유구로, 크게 청동기시대층, 삼국시대층, 고려시대층으로 구분되며, 각 층은 다시 여러 층으로 세분된다. 이 유적의 밭은 대규모로 경작이 이루어졌으며, 시대에 따라 이랑의 방향, 두둑의 형태, 재배방법 등이 다르게 나타난다. 경사면에 위치한 밭의 경우, 청동기시대에는 이랑의 방향과 등고선이 직교하며 두둑과 고랑의 폭도 1:1 정도로 비슷하다. 삼국~고려시대에는 이랑

2호 주거지 Dwelling No. 2

1호 주거지 Dwelling No. 1

9호 돌덧널무덤 Srone cist tomb No. 9

의 방향과 등고선이 나란하다. 하지만 평지에서는 이랑의 방향을 자유롭게 조성하였다. 두둑의 폭은 대체적으로 시대가 내려갈수록 넓어지는 경향을 보인다. 특히 고려시대 밭의 두둑에 식재흔으로 추정되는 부정형의 소혈(小穴)이나 구(溝) 등이 확인되어, 작물의 재배방법을 보다 구체적으로 확인할 수 있다. 이랑의 길이는 긴 것이 80m 이상 되는 것도 있어 대규모로 경작되었음을 알 수 있다. 밭과 밭 사이는 둑이나 구를 이용하여 경계를 만들었고, 삼국시대 논이 확인된 곳에서는 하나의 둑을 경계로 논과 밭이 같이 조성된 것도 있다. 특히 삼국시대 밭에서는 자연제방을 따라 우마차가 통행하는 도로유구가 확인되어 수확된 곡물의 이동방법이나 방향도 추정할 수 있다.

　　진주 평거동유적은 대규모의 마을유적으로, 진주 대평리유적과 함께 선사·고대인들의 생활양상에 구체적으로 접근할 수 있는 유적이다. 특히 잔존상태가 양호한 대규모 경작지의 확인은 당시의 농업에 대한 재배기술, 재배작물, 식생활, 식량생산 체계, 사회구조 등 다양한 접근이 가능하게 되었다. 또한 유적이 입지한 충적지의 지형분류를 통해 지형에 따른 유구의 입지형태를 보다 구체적으로 확인할 수 있다. 이 유적은 확인된 각 시대의 다양한 유구로 인해 선사~고대인들이 지형환경을 개척하고 활용하는 모습을 구체적으로 파악할 수 있는 중요한 유적으로 평가된다.

(집필 : 윤호필, 감수 : 이상길)

제사유구 Feature of the Sacrificial Rite

청동기시대 밭유구
Cultivating Field in the Bronze Age

삼국시대 밭유구
Cultivating Field in the Three Kingdom Period

Pyeongeodong, jinju

삼국시대 논둑
Bank around the Rice Field
in the Three Kingdom Period

A variety of features and artefacts dated from the Palaeolithic to Chosun Dynasty have been identified in the Pyeongeodong site, Jinju, since 2005. Features placed on levees and floodplain of the Nam River Basin. Dwellings, burials, ditched structures, patches, roads and features for sacrifice are distributed in levees. Extensive farmlands consisting of paddy fields and dry fields are identified. The direction and structure of ridges shows various patterns in accordance with the succession of the phases. The archaeological evidence of these farmlands make possible to the multi-dimensional approaches to the species of crops, dietary life, cultivating system and social structures of the people of Pyeongeodong site.

사람과 소 발자국
Footprint of Human and Cattle

삼국시대 논유구
Faddy Field Structure in the Three Kingdom Period

토기류 Ceramic Vessels

주거, 매장, 생산 시설이 확인된 청동기시대의 복합유적

Igokri, Jinju

동아세아문화재연구원

이 유적은 남강의 지류인 영천강변의 구릉 사면과 말단부, 하천 범람으로 인해 형성된 충적평야(沖積平野)에 입지한다. 현재까지의 발굴조사 결과, 고인돌[支石墓] 등 분묘 41기와 환호(環濠) 2기, 주거지 5기, 수로(水路), 수혈 14기, 고상건물지 5동, 기타 주혈군(柱穴群) 등의 생활유구가 조사되었다.

'가' 지구 환호
Ditched Enclosure in The District 가(Ga)

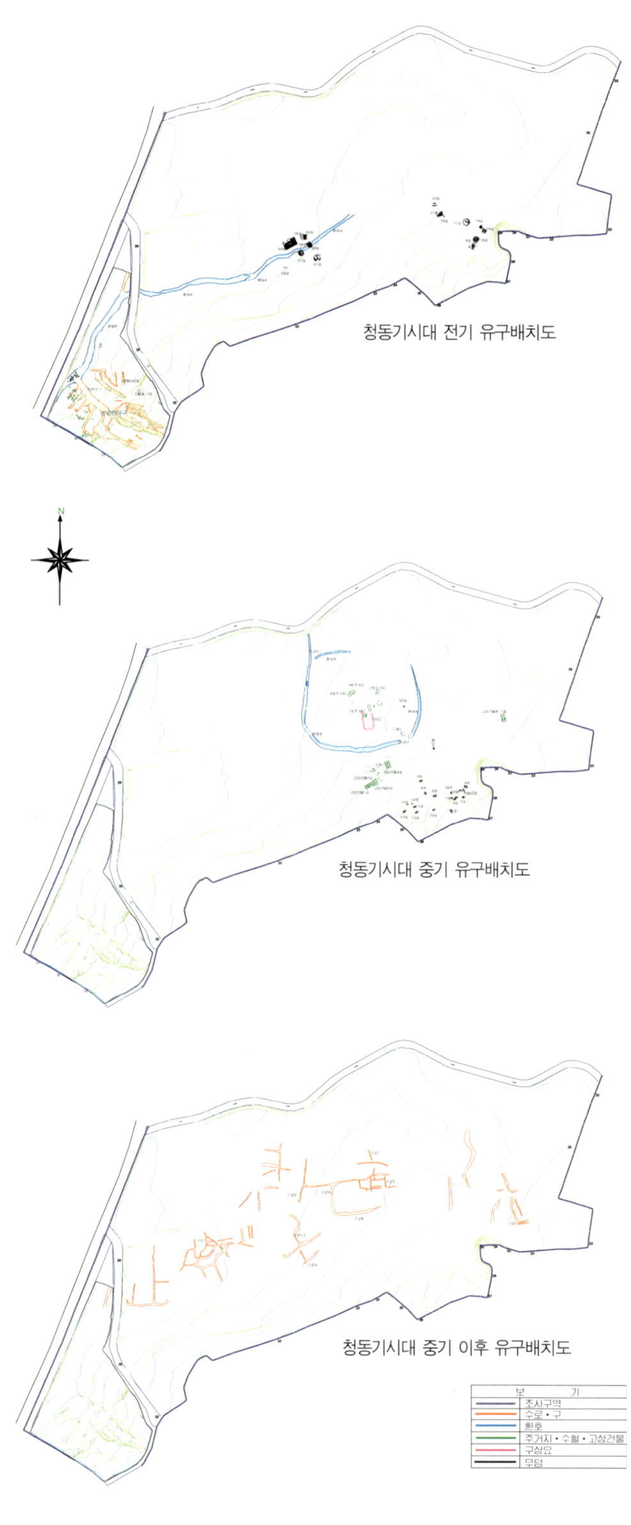

청동기시대 전기 유구배치도

청동기시대 중기 유구배치도

청동기시대 중기 이후 유구배치도

유구 배치도(시기별)
Plan of the Cheoltongri Site by Chronological Sequence

환호(環濠)는 모두 2기가 조사되었다. 이 중 환호A는 구릉의 경계지점을 따라 조성되었으며 조사구역 내에서 밝혀진 것으로는 길이 230m, 최대폭 1.5m, 깊이 1.6m의 크기이다. 환호B는 평면형태가 말각방형에 가까우며 북서·남동 모서리에 각 1개소의 육교부(陸橋部)가 대칭적으로 설치되어 있다. 이 환호는 중복관계로 보아 환호A보다 나중에 축조된 것이다. 환호 내에서는 4기의 주거지와 수로 등이 확인되었으나 수로는 환호보다 늦게 조성된 것으로 밝혀졌다. 주거지의 평면형태는 말각방형이며 규모는 소형에 속한다. 내부시설로는 작업공으로 사용된 타원형 수혈이 확인되나 1호 주거지의 경우 화덕자리[爐址]로 전용되었다.

고인돌[支石墓]은 구릉과 평지의 경계지점에 입지하며, 평면형태에 따라 방형과 원형의 묘역시설(墓域施設)로 대별된다. 여기에서는 이단병식석검(二段柄式石劍)과 채문토기(彩文土器) 등 청동기시대 전기의 유물이 출토되었다. 돌널무덤[石棺墓]은 고인돌[支石墓]과는 달리 구릉의 완만한 평지와 사면에 약 20여기가 군집(群集)을 이루고 있으며 판석과 할석을 이용해 축조하였다. 움무덤(土壙墓)은 2기가 조사되었으며 채문토기 2점, 이단경식석촉(二段莖式石鏃) 1점, 삼각만입촉 2점 등이 출토되었다. 환호A와 30·33호 고인돌의 중복관계를 통해 볼 때 환호A가 폐기된 후 고인돌이 축조되었다고 판단된다.

　‘다’ 지구에서는 구릉 곡부(谷部)를 따라 흐르는 자연구(自然溝)와 함께 수로, 주혈군 등이 확인되었다. 자연구는 유적의 남쪽지점에서 환호A에 의해 파괴되었다.

　수혈은 ‘나’, ‘다’ 지구에서 확인되었다. ‘나’ 지구의 수혈은 평면형태가 타원형인데 비해 ‘다’ 지구의 수혈은 방형이다. 내부에서는 무문토기편과 목탄흔이 출토되었다. ‘가’ 지구 환호B의 안쪽에서는 무문토기 가마 1기가 확인되었다. 평면형태는 세장한 구상(溝狀)이며, 내부에서는 벽체편, 목탄, 무문토기편이 출토되었고 벽면은 소결(燒結)되어 있었다.

　이상의 결과를 통해 볼 때 이 유적은 청동기시대 전기~중기에 해당하는 마을[聚落]유적으로, 당시의 마을경관을 복원할 수 있는 유적이다. 고인돌[支石墓]을 중심으로 한 분묘와 영천강변에 형성된 수로, 환호B의 안쪽에 조영된 주거지와 수혈, 무문토기 가마 등 여러 유구의 배치와 중복관계를 통해 볼 때, 마을은 구릉 말단부인 남서쪽에서 충적평야지대인 북동쪽으로 이동해 가면서 환호(環壕)의 축조와 폐기, 가경지(可耕地) 확보와 경작지의 조성 등 일련의 과정이 반복된 것으로 판단되었다.

(집필 : 이해수, 감수 : 이상길)

'나' 지구 30호 고인돌 묘역
Boundary of the Dolmen No. 30 in District 나(Na)

Igokri, Jinju

This site is located in hillside, terrace and alluvial floodplain of the Yeongcheon River Basin, a tributary of the Nam River. A total of 41 burials consisting of dolmen, stone cist tomb and pit burial, two circular ditched enclosures, five pit dwellings, 14 pit structures, five pile buildings, one drainage system and clusters of pillar holes have been identified since 2004. This site is dated to the early-mid phase of the Bronze Age examining the chronology of excavated artefacts, and offers the important data to restore the landscape at that period. When we consider distributing and overlapping patterns of a drainage system constructed in riverside of the Yeongcheon River and dwellings and Mumun pottery kilns built in the inside of circularditched enclosure No 2, a series of preparation and destruction of circular ditched enclosures and farmland had been repeated in accordance with the movement of village from the south-eastern terrace to the north-western alluvial plain.

'가' 지구 4호 고상건물지
Pile Building No. 4 in Dsitrict 가(Ga)

'나' 지구 27호 고인돌
Dolmen No. 27 in District 나(Na)

석기류 Stone Implements

토기류 Ceramic Vessels

대구지역 최대의
청동기시대 분묘유적
Daecheondong, Daegu

영남문화재연구원

이 유적은 공동주택 건립에 따른 형질변경 과정에서 조사된 것으로, 대구지역에서 확인된 청동기시대 분묘(墳墓) 중 최대 규모이다. 유적은 지형상 대구분지 남서쪽 경계 부근의 넓게 펼쳐진 월배선상지(月背扇狀地)의 선단부(先端部)에 위치하고 있다. 선단부에 해당하기 때문에 지하수면이 얕아 용천(湧泉)이 위치하는 곳으로, 마을이나 경작지가 입지하기 매우 좋은 조건을 갖추고 있다.

A지구 돌널무덤군
Stone Cist Tomb Cluster in District A

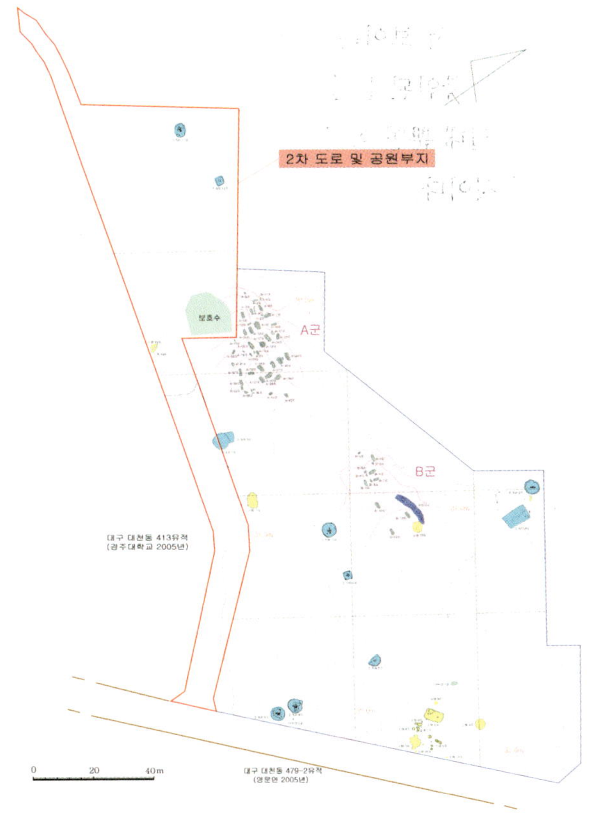

유구 배치도
Plan of the Daecheondong Site

이번 조사에서는 청동기시대 주거지 16기, 돌널무덤[石棺墓] 68기, 수혈 7기, 구상유구 1기와 고려시대 수혈 11기, 주혈군 1개소 등 총 104기의 유구가 확인되었다. 이들 유구에서 출토된 유물은 바리형 무문토기, 붉은간토기[紅陶], 돌칼[石刀], 돌화살촉[石鏃], 목걸이[頸飾] 등 총 284점이다.

청동기시대 주거지는 평면형태상 장방형, 방형, 원형이 있는데, 그 중 이른 시기인 장방형 주거지에서는 바리형 무문토기를 비롯해 편인석부(偏刃石斧), 숫돌[砥石] 등이 출토되었다. 방형의 주거지는 원형보다 선행하는 주거지로, 내부 중앙에 무시설식의 화덕자리가 있다. 원형의 주거지는 중앙에 타원형수혈과 양 주혈을 가지는 소위 송국리형 주거지의 형태를 띠고 있다. 주거지는 유구의 중복관계나 출토유물을 통해 볼 때 장방형→방형→원형의 순이다.

분묘는 고인돌[支石墓] 3기와 돌널무덤[石棺墓] 68기가 확인되었는데, 돌널무덤은 배치에 따라 2개의 군(群)으로 나눌 수 있다. A군은 53기, B군은 12기로 B군에 비해 A군은 분포하는 면적이 넓고 밀집도가 높으며, 돌널의 축조상태 또한 정교하다. 그러나 유물의 부장양상을 보면 A군에서는 붉은간토기, 돌칼, 돌화살촉이 출토된 유구가 1기에 불과하나 B군에서는 3기가 조사되었고 또 목걸이[頸飾] 1점이 출토되었다. 돌널무덤은 재료 및 축조방법에 따라 크게 3개의 유형으로 나누어 볼 수 있다. Ⅰ류는 냇돌[川石]만을 이용하여 평적(平積)한 석곽형(石槨形), Ⅱ류는 냇돌과 판석(板石)을 혼용하여 축조한 혼축형(混築形), Ⅲ류는 판석을 이용해 4벽을 축조한 상자형[箱形]이다. 그중 붉은간토기, 돌칼, 돌화살촉이 함께 출토된 돌널무덤은 모두 Ⅰ류인데, 유물이 출토된 돌널무덤들은 Ⅰ류의 다른 돌널무덤에 비해 그 축조상태가 정교하지 않다.

이 유적에서 확인된 68기의 돌널무덤은 대구 월배지역 청동기시대 분묘유적 중 최대의 규모이다. 돌널의 세부 구조는 석축형(Ⅰ류), 혼축형(Ⅱ

류), 상자형(Ⅲ류) 등 대구지역에서 보이는 대부분의 분묘 유형이 모두 확인된다. 따라서 이 유적에서 확인된 돌널무덤군에 대한 정밀한 분석이 이루어진다면 월배선상지 일대 뿐만 아니라 대구지역 청동기시대 분묘 연구에 귀중한 자료가 될 것이다.

(집필 : 권헌윤, 감수 : 이상길)

Daecheondong, Daegu

The Daecheondong site in Daegu Basin, one of the largest burial sites of the Bronze Age in this area, is placed on the fanbase of Wolbae alluvial fan which is extensively spread into near the south-western border of Daegu Basin. Vessels of Mumun pottery (the plain earthen ware), red potteries, necklaces made from jade and stone daggers and arrowheads have been unearthed in a total of 104 features comprising 16 pit dwellings, 68 stone cist tombs, seven pit structures and one ditched structure of the Bronze Age and 11 pit structures and one cluster of pillar holes dated to

A-1호 돌널무덤
Stone Cist Tomb No. A-1 before Excavation

Goryo dynasty.

Further analysis to the cluster of stone cist tombs will offers the elaborate data to the archaeological context in Daegu Basin during the Bronze Age as well as in the area of Wolbae alluvial fan.

A-17호 돌널무덤
Stone Cist Tomb No. A-17

A-23호 돌널무덤
Stone Cist Tomb No. A-23

	2
	3
1	4

1. B-11호 돌널무덤 Stone Cist Tomb No. B-11
2. B-11호 돌널무덤 돌화살촉 Stone Arrowheads from Stone Cist Tomb No. B-11
3. B-11호 돌널무덤 돌칼 Stone Dagger from Stone Cist Tomb No. B-11
4. B-11호 돌널무덤 토기 Ceramic Vessel from Stone Cist Tomb No. B-11

돌화살촉 Stone Arrowhead

1. B-12호 돌널무덤 Stone Cist Tomb No. B-12
2. B-12호 돌널무덤 붉은간토기 출토 모습 Red Pottery of Stone Cist Tomb No. B-12
3. B-12호 돌널무덤 목걸이 출토 모습 Necklace from Stone Cist Tomb No. B-12

돌화살촉 Stone Arrowheads

B-12호 돌널무덤 출토 목걸이
Necklace from Stone Cist Tomb No. B-12

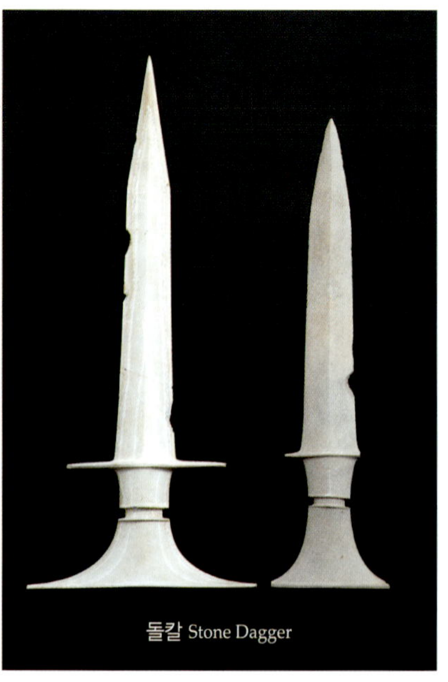

돌칼 Stone Dagger

붉은간토기 Red Potteries

청동기시대의 대형분묘 군집유적

Yulhari, Kimhae

경남발전연구원

이 유적은 김해 율하 택지개발사업지구 내에 위치하며, 6개 구역(A~F)에서 청동기시대 분묘와 주거지를 비롯하여 고려 · 조선시대 건물지 및 민묘 등 시대와 종류를 달리하는 다수의 유구가 확인되었다. 이러한 다양한 유구들은 율하천변의 하안단구면 또는 그것과 이어지는 남쪽의 구릉에 분포하고 있다.

이번에 조사된 청동기시대 유구는 분묘 106기를 비롯하여 주거지 51기 · 수혈 31기 · 굴립주 건물지 7기 · 구상유구 1기 등이다. 이중 청동기시대 분묘는 율하리유적을 대표할 만한 것으로, 입지와 배치, 대형묘의 축조, 묘역의 연접조성, 다양한 하부구조 등을 특징으로 하고 있다.

분묘의 입지(立地)는 구릉상에 입지하는 유형과 단구면상에 입지하는 유형으로 나눌 수 있다. 구릉상에 입지하는 유형은 B구역~F구역에 조영된 청동기시대 무덤들로, 구릉 정상부의 경사면에 단독으로 조영되는 것이 특징이다. 이에 비해 단구면에 입지하는 유형은 A구역에서 확인되는 분묘들로, 서로 일정한 거리를 두고 군집을 이루면서 열상의 방향성을 가진다. 또한 솟대를 세웠다고 추정되는 B-14호 수혈을 기점으로 분묘군은 주기지군괴 공간적으로 구별되고 있다.

유적 원경
Distant Perspective
of the Yulhari Site

AⅡ-19호분 Tomb No. AII-19

AⅡ-19호분 1차 개석
The First Capstone of Tomb No. AII-19

AⅡ-19호분 2-4차 개석
The Second-Fourth Capstone of Tomb No. AII-19

AⅡ-2호분 전경 Tomb No. AII-2

AⅡ-19호분 최종 개석
The Last Capstone of Tomb No. AII-19

대형묘(大形墓)의 축조 경향은 다음의 두 가지 경우가 있다. 첫 번째는 묘역(墓域)의 대형화로, B4~B6호 묘 묘역, AⅡ-19호 묘 묘역 등을 들 수 있다. B4~B6호 묘 묘역은 길이 46m, 폭 2~3m, 잔존깊이 30cm 정도의 규모로 주구(周溝)를 판 후, 구(溝)의 내측에 길이 41m 정도의 석축(石築)을 2~3단 정도 쌓은 장방형의 묘역이다. AⅡ-19호 묘는 현재 길이 38m 정도의 묘역이 'ㄴ'자형으로 남아 있는데, 지형을 감안하여 곡부(谷部) 쪽은 원형으로, 단구대(段丘帶) 쪽은 일직선상으로 묘역을 축조하였다.

두 번째는 묘광(墓壙)의 대형화로, AⅠ-11호 묘·AⅡ-2호 묘·AⅡ-19호 묘가 여기에 속한다. 이들은 묘광의 규모가 7m 이상의 대형묘인데, 2단 이상의 대형묘광, 대형의 상형석관(箱形石棺), 5단 이상의 다중개석(多重蓋石) 사용, 최종개석의 사용, 다량의 채움석 사용, 대형 상석(上石) 등을 특징으로 하고 있다. 특히 A

Ⅰ-11호 묘의 묘광은 길이 14.3m, 너비 8.2m, 깊이 210cm 정도로, 우리나라에서 확인된 청동기시대 무덤 중에서 묘광이 가장 큰 무덤이다. 이러한 대형묘의 축조는 유력개인(有力個人)의 등장을 의미하는 것으로, 청동기시대 중기 이후의 수장급(首長級) 분묘의 발생과 변화에 중요한 단서가 된다.

다음은 묘역의 연접조성으로, AⅡ구역의 곡부(谷部)에서 확인된 (타)원형과 (장)방형 묘역의 연접축조가 그것이다. 이곳에서는 (타)원형 묘역에 장방형 묘역이 연접하여 축조되고 있으며, 이 장방형 묘역에 다시 작은 방형 묘역이 연접되어 축조되는 양상을 보이고 있다. 이러한 점으로 보아 율하리유적에서는 원형 묘역이 장방형 묘역보다 선행(先行)함을 알 수 있다.

다양한 하부구조 역시 특징 중의 하나인데, 순수 움널무덤[土壙木棺墓], 충진형(充塡形) 움널무덤, 돌덧널무덤[石槨墓], 'ㄷ'자형 돌덧널무덤, 상자형[箱形] 돌덧널무덤, 조합형 상자형 돌덧널무덤, 독무덤[甕棺墓] 등 다양한 매장주체부가 확인되고 있다.

유물은 매장주체부 내부에 부장하는 것이 일반적이나 매장주체부의 최

AⅡ-23~31호분 묘역
Burial Area of Tomb No. A Ⅱ-23~31

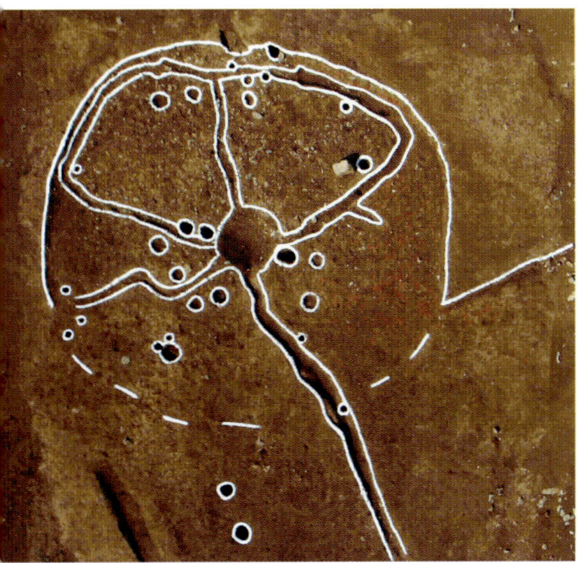

D-6호 주거지 Dwelling No. D-6

B-14호 구덩유구 전경(추정 솟대) Pit Structure No. B-14

상단부에 부장칸을 만들고 붉은간토기 1점을 매납하는 형태도 일부 확인되고 있다. 출토된 유물은 붉은간토기 40여 점을 비롯하여, 돌칼 13점, 돌화살촉 46점과 세형동검(細形銅劍) 1점, 석제 검자루 끝장식 1점이 있다. 그러나 다른 유적에서 많이 확인되는 대롱옥[管玉], 굽은옥[曲玉] 등의 옥류(玉類)가 단 1점도 확인되지 않은 점은 유물상(遺物相)에 있어서 매우 특이한 현상의 하나이다. 출토된 유물로 보아 청동기시대 분묘는 전기 말에서 후기 전반까지 조영되었으며, 대부분은 중기에 해당한다. 다른 유적에 비해 많은 개체수가 출토된 붉은간토기는 다양한 형태로 분류되어, 청동기시대 중기를 세분할 수 있는 좋은 자료이다.

이 유적에서 확인된 청동기시대 주거지는 모두 51동으로, 원형과 방형의 송국리형 주거지가 대부분을 차지하고 있다. 주거지 중 D구역에서 확인된 것들은 주거지 내부에 벽구시설과 중앙수혈로 연결되는 내구(內溝) 등을 갖추고 있다. 이 중 D-6호는 중앙수혈에서 다시 주거지 밖으로 외구(外溝)를 마련하고 있는 점이 특이하다.

(집필 : 이영주, 감수 : 이상길)

Yulhari, Kimhae

A number of large-scale graves dated to the Bronze Age have been uncovered at the Yulhari Site, Kimhae. These tombs show various characteristics in accordance with the location, distribution, dimension and substructure of graves. Tombs discovered on hillside are isolate location, but graves placed on terrace are distributed in line with regular distance between each

세형동검
Korean Type Bronze Dagger

검자루 끝장식
Adornment of Dagger handle

돌화살촉 Stone Arrowhead

tomb within cluster. The large-scale tomb is composed of the large-scale burial platform tomb and large chamber tomb. In particular, Tomb No.AI-11 is the largest grave of the Bronze Age investigated in Korean peninsula (14.3m in length, 8.2m in width and 2.1m in depth), it could be postulated to the existence of powerful individual leader or ruler from the mid-Bronze Age. The layout of burial platforms of a few tombs are distributed in lying continuously each other, the rectangular shaped burial boundaries are adjacent to the round or oval shaped burial boundaries, and the square shaped burial boundaries is adjoined to the rectangular shaped burial boundaries.

Artefacts are composed of red pottery, Korean type bronze dagger and stone dagger hand, dagger and arrowhead.

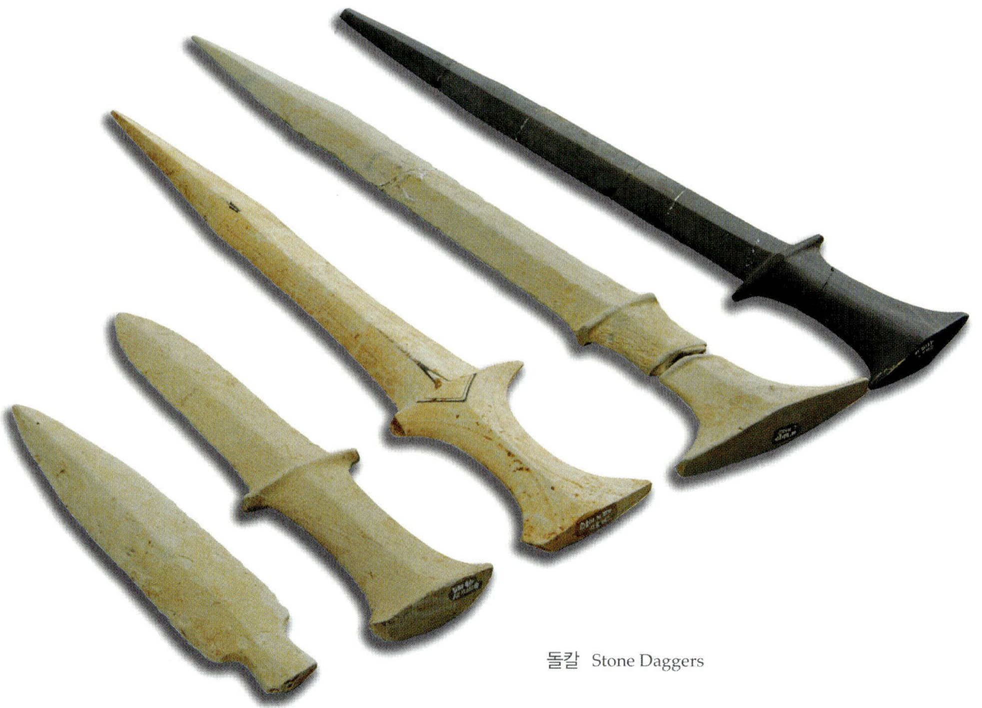

돌칼 Stone Daggers

붉은간토기 Red Porreries

최초로 나무덮개가 확인된 나무널무덤

Mundangdong, Gimcheon

경상북도문화재연구원

비파형동검(琵琶形銅劍)이 부장된 나무널무덤[木棺墓] 유적으로, 감천의 지류 직지천을 남쪽으로 바라보는 구릉의 남사면에 위치한다. 무덤은 N63W를 장축으로 하고, 등고선 방향과 직교하는데, 길이 2.2m, 폭 0.65m, 남은 깊이 0.45m의 장방형 평면의 토광에 길이 2m, 폭 0.4m 크기의 나무널을 안치하여 만든 것으로, 나무 뚜껑이 있었던 것으로 추정된다. 흑색마연장경호(黑色磨研長頸壺)와 점토띠 구연의 소옹의 토기 2점은 나무널의 서쪽에 치우쳐 북동쪽 장벽 가까운 곳에 놓여 있고, 비파형동검 1점은 검몸 끝이 동쪽을 향하여, 남서쪽 장벽 가까이에 놓여 있었다. 또한 직경 3~5㎜의

나무널무덤 모습
Wooden Coffin Tomb

나무널무덤 세부 Detail of Wooden Coffin Tomb

천하석제 작은구슬 수 점이 서쪽 단벽 가까이에 놓여 있었는 바, 전부 나무널 바깥에 놓여 있었던 것으로 추정된다. 비파형동검 1점은 검몸의 최대폭 검몸 하단이 만곡도가 매우 낮은 변형 비파형동검이다. 등대에 날이 뚜렷하고 검몸의 끝 가까이 형성되어 있어, 요령성 심양 정가와자(鄭家窪子)와 평양 신송리 출토 변형 비파형동검과 같은 형식이다. 흑색마연장경호는 긴목이 곧선 채로 바깥으로 다소 벌어졌으며, 동체는 구형이고, 굽달린 평저를 갖고 있다. 점토띠 구연의 소용은 주머니호에 가까우나 굽달린 평저를 갖고 있으며, 구연부에는 작은 점토띠가 붙여 있는 형식이다. 한반도에 고인돌이나 돌널무덤에서 비파형동검이 부장된 예는 적지 않지만, 이 유적처럼 나무널무덤에서 발견된 예는 처음으로 대체로 기원전 5세기 경 전후한 것으로 추정된다.

(원고 : 박정화, 감수 : 이청규)

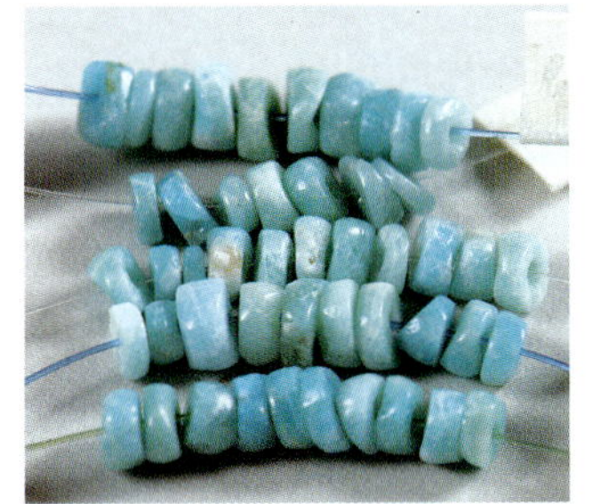

천하석제 소옥 Amazonite Jades

비파형동검 출토상태
Lute-shaped Bronze Dagger Uncoverred at Wooden Coffin Tomb

비파형동검
Lute-shaped Bronze Dagger

Mundangdong, Gimcheon

A wooden coffin tomb interring the Liaonong type bronze dagger was uncovered at the Mundangdong site, Gimcheon. A wooden coffin which is 2.0m in length and 0.4m in width is installed in a rectangular shaped pit which is 2.2m in length and 0.65m in width. A wooden cover might be placed on the coffin. One black burnished jar, one small jar (rim pottery), one Liaoning type bronze dagger and several tubular beads made from amazonite which are 3-5mm in diameter were found. Particularly, the Liaoning type bronze dagger dated to around the 5th BC is the most important artefact because this has been the firstly excavated in the wooden coffin tomb besides dolmens and stone cist tombs in the Korean peninsula.

흑색마연토기와 덧띠토기
Black-burnished Pottery and Rim Pottery

초기 철기시대 세문경과 동검이 부장된 무덤 유적

Hyojadong, Jeonju

전북문화재연구원

세문경
Fine-line Bronze Mirror

만경천의 지류인 전주천을 동쪽으로 바라보는 낮은 구릉상으로 주변이 잘 조망되는 지점에 위치한다. 이 유적은 김제평야를 끼고 있는 광활한 대지의 주변지역으로 만경천유역은 삽교천과 영산강 유역과 함께 서해안의 초기철기시대의 청동기가 집중적으로 분포하는 지역이다. 기하학문동경과 함께 세형동검(細形銅劍)과 대롱옥[管玉]이 구릉의 정상에 위치한 돌덧널무덤[石槨墓]에서 출토한 것으로 알려지고 있다. 장축이 방향인 장

세문경 세부 Detail of the Fine-line Bronze Mirror

방형을 이루고 있는데, 얇은 판석을 적당히 둘러 벽을 만들고 바닥에는 아무런 시설을 하지 않았다. 돌덧널무덤 상부에 주먹 크기의 활석으로 쌓은 적석(積石)시설에서 유물이 출토한 것으로 확인되나, 전주 여의동, 장수 남양리 등의 돌덧널무덤의 예로 보아 원래 무덤 내에 부장되었을 가능성도 배제하지 못한다.

청동거울은 주연부가 반원형을 이루고, 평면 오목렌즈 모양의 꼭지 2개가 달린 전형적인 세문경(細文鏡)이다. 문양은 외구(外區)와 내구(內區) 크게 두 개로 구획되어 있는데, 기본적으로 삼각거치문을 문양단위로 한다. 외구는 한줄의 세로 거치문(鋸齒文)을 복합하여 만들고, 내구는 13줄의 삼각거치문대를 가로로 연결하여 구성되어 있다. 세형동검은 등대의 날이 제2절대까지 나 있는 1형식이다. 대롱옥은 총 5점이며, 천하석제 초승달모양의 굽은옥 1점도 함께 출토되었다.

세형동검 출토 돌널무덤
Stone Cist Tomb Interring
Korean Type Bronze Dagger

주변에 돌널무덤 2기가 확인되었는데, 아무런 유물이 출토되지 않았으며, 능선 아래쪽에는 무문토기가 출토하는 장방형주거지 1기와 송국리형 주거지 18기가 조사되어 동 유적 일대에 이미 청동기시대부터 형성된 마을이 있었으며, 기원후에도 지속되었던 것으로 확인된다.

(집필 : 김규정 · 김대성, 감수 : 이청규)

Hyojadong, Jeonju

In the Hyojadong site, Jeonju city, a geometric bronze mirror and a Korean type bronze dagger and five tubular beads made from amazonite were unearthed in a stone cist tomb located on the summit of hill. A rectangular shaped stone cist tomb is made by flagstones and covered by pebbles. Particularly, a geometric bronze mirror shows the typical style of Korean type bronze mirror consisting of semicircular outer rim and two concavelens shaped handles.

세형동검
Korean Type Bronze Dagger

대롱옥과 굽은옥
Jades

원삼국시대의 취사와 난방시설이 온전히 남아 있는 유적

Yoolmunri, Chuncheon

예맥문화재연구원

이 유적은 소양강 북안에 길게 형성된 충적대지의 중간부분에 위치한다. 이 유적에서는 총 19기의 주거지 윤곽선이 확인되었으나 1기만 조사되었다.

1호 주거지 Dwelling No. 1

주거지는 평면형태가 장방형이며 출입구를 남쪽에 둔 철(凸)자형으로, 규모는 길이 5.6m, 너비 4.3m이다. 출입구는 폭 1.2m, 잔존길이 2.15m이다. 바닥은 진흙을 깔아 다짐하였고, 화재로 인하여 폐기되었다. 주목되는 점은 아궁이와 부뚜막, 구들, 배연시설이 완벽하게 구비된 상태로 확인되었다는 것이다.

아궁이와 부뚜막은 주거지의 동쪽 벽에 잇대어 마련하였다. 아궁이는 부뚜막의 남쪽 끝부분에 시설하였는데, 입구의 양쪽에 각각 봇돌을 세우고 위에는 이맛돌은 얹어 만들었다. 아궁이의 벽면은 안쪽에 넓은 판석을 세워서 만들었다. 내부의 중앙에는 2개의 돌을 사용하여 솥받침[支脚]을 만들었고, 윗면은 용기를 얹혀 놓을 수 있도록 솥걸이를 만들었으나 함몰된 상태였다. 아궁이에서 고래로 연결되는 부뚜막의 내부는 중앙에 판석을 세워 두 줄로 고래를 만들고,

배연시설 Smoke Passage

연도 Smoke Passage

1호 주거지 화덕자리 모습 Hearth in Dwelling No. 1

부뚜막과 아궁이 모습 Cooking Fire Place and Fireplace

아궁이 상부 Cooking Fire Place

상부와 외벽에 판석을 두고 진흙을 발라 마감하였다.

구들은 주거지의 동북쪽 모서리에서 부뚜막과 연결되며 주거지 북벽을 따라 연결되어 서북쪽 모서리에서 배연구와 연결된다. 구들의 고래는 남쪽 벽체를 나무로 받치고, 상부도 판재를 덮은 후 점토를 발라 만들었다. 배연시설은 밑둥을 자른 토기 호 등을 받치고 내외면은 점토를 발랐다. 굴뚝은 배연시설 내면에 남은 목탄흔으로 볼 때 목재를 이용한 것으로 보인다.

유물은 주거지 내부에서 토기, 철기, 탄화곡물 등이 출토되었다. 토기는 구연부가 짧게 외반된 발형토기, 외반구연호, 양쪽 손잡이가 달린 발형토기 등의 경질무문토기, 연질평저호(軟質平底壺) 1점과 구연부편 등의 한식계(漢式系) 토기가 출토되었고, 철기는 주조철부(鑄造鐵斧), 철촉(鐵鏃), 철도자(鐵刀子) 등이, 곡물은 콩, 팥, 새팥 등이 수습되었다.

이처럼 율문리 유적에서는 아궁이와 부뚜막, 구들, 배연시설이 완벽하게 구비된 상태로 확인되었는데, 온돌의 발전과정 및 우리나라의 건축·주거 문화사를 밝히는데 매우 중요한 자료를 제공해 줄 것이다.

(집필 : 홍성익, 감수 : 최성락)

1호 주거지 탄화곡물(팥)
Carbonised Cereals(Red Bean)
in Dwelling No. 1

Yoolmunri, Chuncheon

One dwelling was excavated at the Yoolmunri site, Chuncheon. This rectangular shaped dwelling contained potteries, such as plain hardwares(Gyeongjilmumun pottery), Paddling potteries (Tanalmun pottery) and Han type pottery, iron implements including knife, arrowhead and casting axe, and carbonised cereals. One of the noticeable things is that an Ondol (Korean underfloor heating system) constituting Butumak (cooking fireplace), Gudul (hypocaust) and smoke passage were uncovered; it might offer an important resource to conduct research to the dwelling structure of Korean Peninsula.

1호 주거지 출토 한식계토기
Lelang Type Pottery from in Dwelling No. 1

영서지방 원삼국시대(철기시대) 대규모 마을 유적

Gahyeondong, Wonju

강원문화재연구소

이 유적이 자리하고 있는 원주시 가현동 일대는 북서쪽에서 흘러들어오는 원주천이 남서쪽으로 휘어져 흘러나가는 안쪽에 위치한 충적지로, 인간이 생활하기에 적합한 지형적 요건을 갖추고 있다. 지표조사 결과 신석기시대에서부터 조선시대에 이르는 유물이 수습되고 있어 이 지역이 선사시대로부터 역사시대까지 장기간 거주지역으로 사용되었음을 알 수 있다.

현재까지 확인된 유구는 주거지 64기, 수혈유구 19기로 총 83기이며, 이중 주거지의 평면형태 및 내부에서 출토되는 유물 등을 통해 시기별로 구분해 보면 청동기시대가 15기이고, 원삼국시대(철기시대)가 49기이다.

청동기시대 주거지의 평면형태는 장방형을 이루고 있는 것이 14기, 타원형을 이루고 있는 것이 1기 확인되었다. 평면 장방형 주거지에서는 위석식노지(圍石式爐址)시설과 함께 골아가리토기[口脣刻目土器]와 구멍

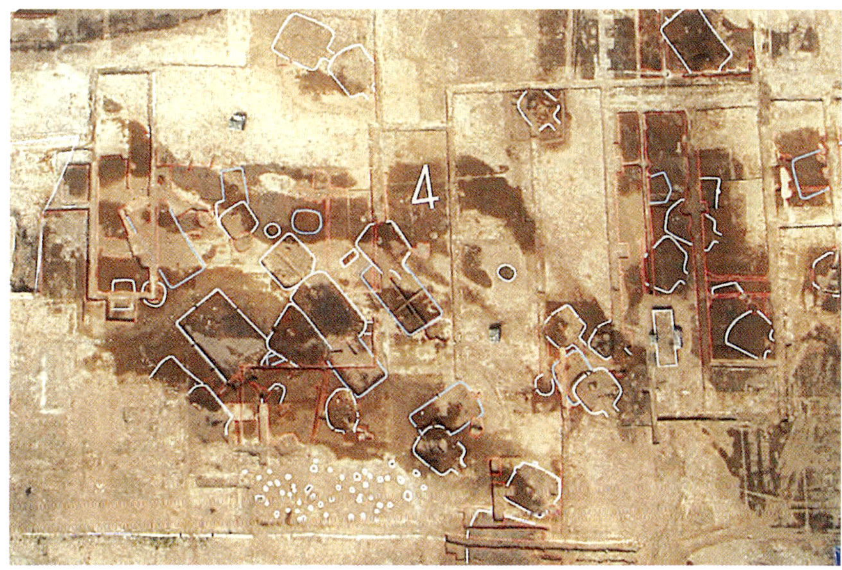

조사지역 전경
Distant Perspective of the
Gahyeondong Site

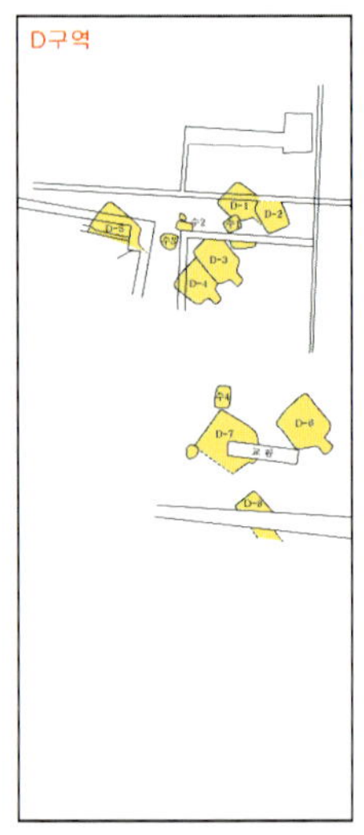
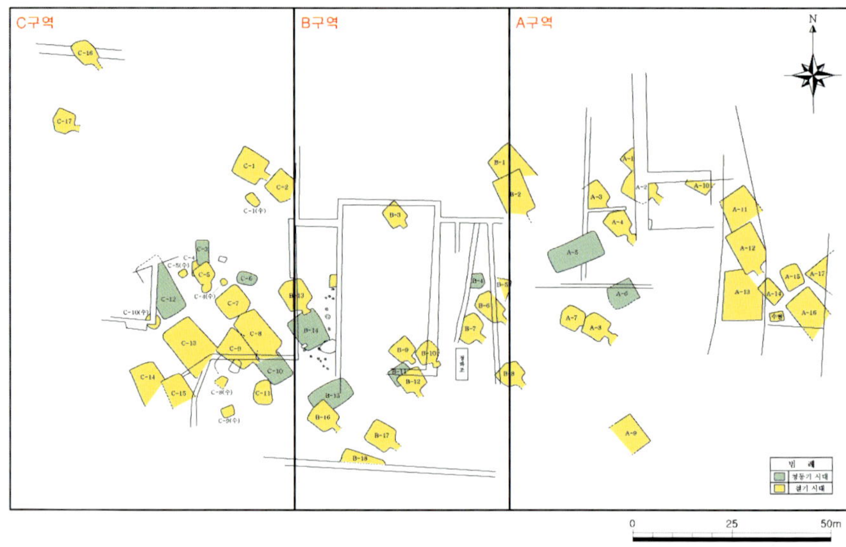

유구배치도
Plan of the Gahyeondong Site

주거지 밀집 상태 Cluster of Dwellings

철기시대 주거지 전경
Iron Age Dwelling

무늬토기[孔列土器] 등의 토기류와 석제화살촉, 반달돌칼 등이 출토되었으며, 평면 타원형 주거지에서는 특별한 노지시설 없이 붉은간토기[赤色磨硏土器, 紅陶]와 발형토기가 출토되었다.

원삼국시대(철기시대) 주거지의 평면 형태는 대부분 철자형(凸字形)으로 확인되고 있으나, 후대 건물의 기초조성으로 유구의 상면이 상당부분 훼손되어 정확한 유구의 평면형태는 단정하기 힘든 상태이다. 철기시대 주거지는 대부분 장축이 남동향이며, 출입구 시설이 모두 남동쪽으로 개설된 점으로 보아 이 지역의 기후와 일조량을 고려하여 조성한 것으로 추정된다. 주거지에서는 바닥에 냇돌을 타원형으로 깔고 주위에 점토를 두르고 뒤쪽에 막음돌을 세운 모양의 화덕[爐址]이 확인되는데, 유구에 따라서 바닥에 냇돌 대신 굵은 모래를 깐 예도 확인된다. 출토유물은 경질무문토기(硬質無文土器)가 주류를 이루고 일부 타날문토기(打捺文土器)도 확인되었다. 한편 철기시대 주거지 주변으로는 저장시설로 추정되는 수혈유구(竪穴遺構)가 확인되고 있다.

이 유적은 현재까지 영서지역에서 조사된 원삼국시대(철기시대) 유적 중 최대 규모로 판단되며 강원 영서이남 남한강수계 선사취락을 연구하는데 중요한 자료를 제공할 것으로 생각된다.

(집필 : 황정욱, 감수 : 최성락)

의 도로(道路) 등이 조사되었다. 이 가운데 청동기시대의 돌널에서는 화장(火葬)의 흔적이 확인되어 주목되었다.

덕천리 유적에서 확인된 이런 유구와 유물은 이 지역에 일찍부터 세력이 형성되었고 그 세력이 건천 방향의 사라리유적, 울산방향의 조양동을 비롯한 원삼국시대 유적 등과 함께 사로국을 구성한 집단으로 기능하고 있었음을 보여준다. 특히 검손잡이장식, 마형대금구(馬刑帶金句), 호형대금구(虎刑帶金句), 오리모양토기, 다량의 철기 등의 유물은 무덤 주인의 지위를 가늠할 수 있게 하는 것으로 이전에 조사된 이보다 나중의 덕천리 돌무지덧널무덤[積石木槨墓]에서 위세품들이 다량 출토된 것과 관련지우면 사로육촌(斯盧六村)으로 사서에 등장하고 있는 사로국 세력들 가운데 하나가 이 지역에 존재했음을 알려주어 신라의 성장과 발전과정을 연구하는데 중요한 자료가 될 것으로 기대된다.

(집필 : 이석범, 감수 : 김용성)

3, 4구역 전경
View of the District 3 and 4

Deokcheonri, Gyeongju

In the Deokcheonri Site, Gyeongju, a variety of features dated from the Bronze Age to the United Silla Kingdom Period have yielded. Among them, graves of the Proto-three Kingdom Period are significant because they were constructed by a power group of the Saro Polity situated on the Naenam area where located on the passage from Gyeongju to Yeunyang. Investigated graves are 14 wooden coffin tombs, twp pit burials, 122 outer coffin tombs and 66 jar coffin tombs.

Wooden coffin tombs are classified into the large sized grave with ditch enclosure and the small sized grave without ditch enclosure. In contrast with wooden coffin tombs, outer coffin tombs densely aggregate. Both tomb styles contain not only the representative artefacts of these period, but also prestige goods symbolising social positions of the deceased, such as handle of bronze daggers, horse and tiger shaped bronze buckles, duck-shaped potteries, various iron implements and glass beads.

These features and artefacts indicate that the political power group was organised in the early phase of the Proto-three Kingdom Period; and this group was an important component to construct Saro polity with builders of the Joyangdong Site placed on the passage toward Ulsan direction and the Sarari Site situated on the passage toward Geoncheon direction in the Gyeongju Basin.

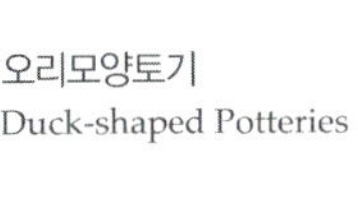

오리모양토기
Duck-shaped Potteries

133호묘 Tomb No. 133

138호묘 Tomb No. 138

검손잡이장식
Dagger Handle

124호 묘
Tomb No. 124

마형대구(馬刑帶鉤)
Horse-shaped Buckle

호형대구(虎形帶鉤)
Tiger-shaped Buckle

127호 묘
Tomb No. 127

19호 묘 Tomb No. 19

반원통형토기
Cylindrical Cerramic Vessel

판상철부 출토 모습
Flat Axe

110호 묘
Tomb No. 110

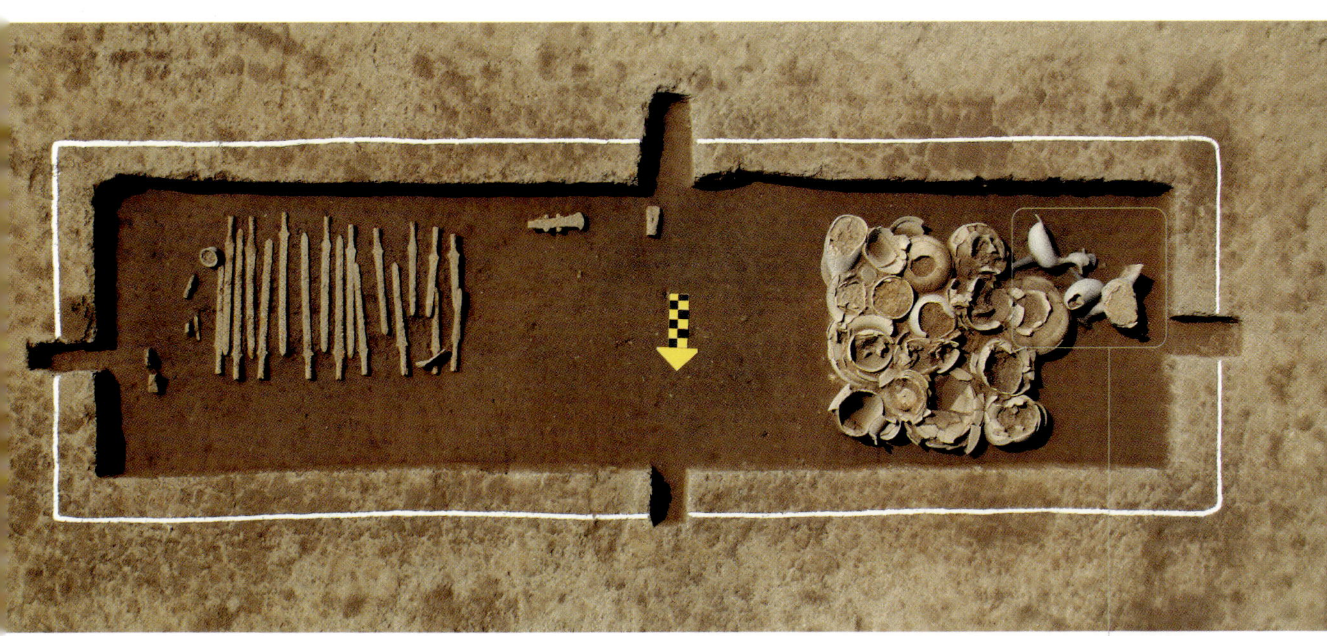

120호 묘 Tomb No. 120

오리모양토기 출토 모습
Duck-shaped Pottery

57호 독널무덤 Jar Coffin Tomb No. 57

64호 독널무덤 Jar Coffin Tomb No. 64

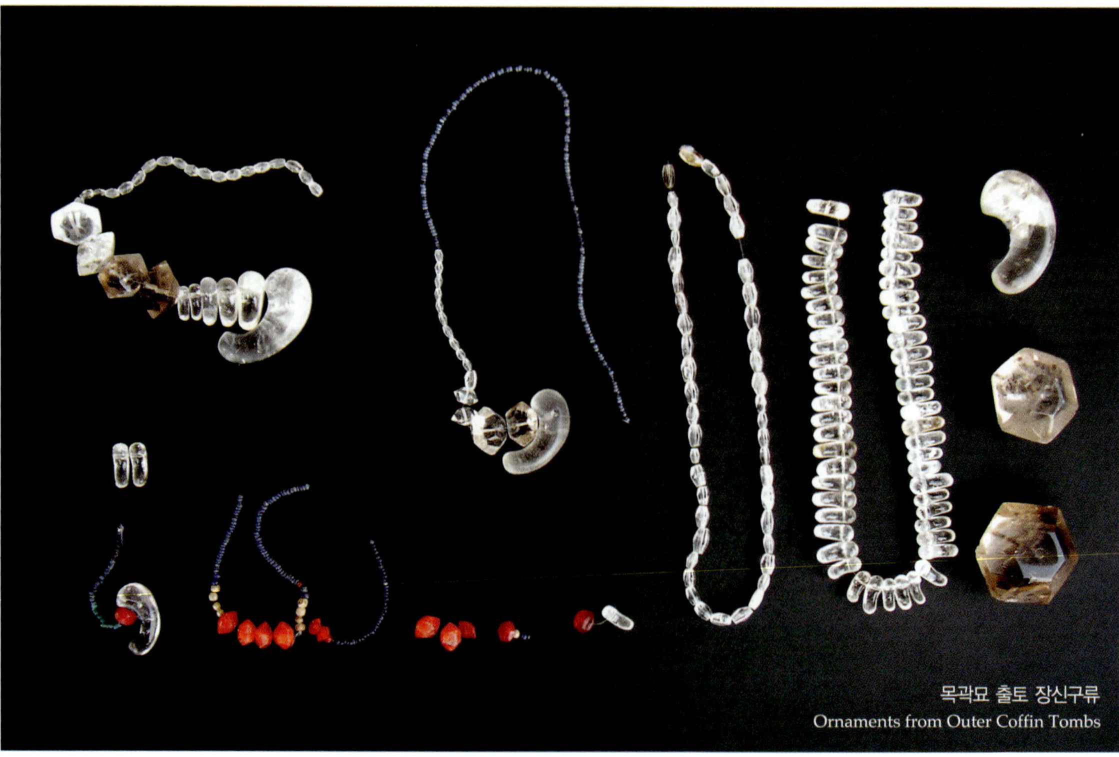

목곽묘 출토 장신구류
Ornaments from Outer Coffin Tombs

토기류 Ceramic Vessels

주구널무덤의
분포 양상을 보여주는 유적

Sanggaldong, Yongin

고려문화재연구원

이 유적은 오산천 주변 소구릉의 정상부와 동서사면, 북사면에 해당한다. 이 유적에서는 원삼국시대 널무덤[木棺墓] 26기, 독무덤[甕棺墓] 4기(널무덤에 부가된 독무덤 제외), 기둥자리[柱穴], 민묘 4기, 조선시대 수혈주거지 3기, 수혈 4기 등 총 42기의 유구가 조사되었다.

널무덤[木棺墓]은 단순 널무덤[木棺墓]과 주구(周溝)가 부가된 주구널무덤[周溝木棺墓]으로 구분된다. 매장주체부는 4호만 덧널[木槨]이고, 나머지 모두 널무덤[木棺墓]이다. 유물은 격판을 이용하여 주검 칸과 분리한 별도의 공간에 부장하고 있으나 나무널[木棺] 내에 부장하거나 채움 흙내에 부장하는 경우도 있다. 출토유물로는 토기류, 철기류, 각종 구슬류, 토제가락바퀴, 청동제품 등이 있다. 토기류는 대부분이 둥근밑항아리[圓低

유적 원경
Distant Perspective of
the Sanggaldong Site

短頸壺]이고, 민고리자루큰칼[素環頭大刀]을 비롯한 다양한 철기류와 구슬류가 다량으로 출토되었다. 기둥자리[柱穴]는 널무덤[木棺墓]의 유실을 막기 위한 시설, 혹은 영역표시 등의 기능을 했던 것으로 추정된다.

독무덤[甕棺墓]은 매장주체부와 주구 사이에서 확인된 것과 단독으로 조성된 독무덤[甕棺墓]이 있다. 독무덤은 모두 장란형토기(長卵形土器)를 이용한 이음식[合口式]이다. 다만 2호 독무덤[甕棺墓]만이 장란형토기(長卵形土器)와 경질무문토기(硬質無文土器)를 사용하고 있으며, 단독으로 조성된 독무덤[甕棺墓]에 주구(周溝)가 부가된 형태로 조사되었다. 2호 독널[甕棺] 내부에서 손칼[刀子] 1점이 출토되었다.

이 유적 주구널무덤[周溝木棺墓]의 중심연대는 천안 청당동(靑堂洞) 유적과 비교하여 기원후 3세기 중엽으로 추정되고 있다. 이 유적은 용인 마북리(麻北里)유적과 더불어 지금까지 확인된 주구널무덤[周溝木棺墓] 중 가장 북쪽에 위치하고 있어 원삼국시대 주구널무덤[周溝木棺墓] 연구에 중요한 학술정보를 제공할 것이다.

(집필 : 이상걸, 감수 : 최성락)

4호 덧널무덤
Outer Coffin Tomb No. 4

Sanggaldong, Yongin

9호 널무덤 Wooden Coffin Tomb No. 9

The Sanggaldong site, Yongin, yields number of archaeological features dated to the Iron Age and chosun Dynasty.

Firstly, the Iron Age burial comprises 22 wooden coffin tombs, 4 outer coffin tombs and four jar coffin tombs. Most of grave goods were buried in the accessory coffin which was partitioned from main coffin by wooden board, a few burial accessories interred in the main coffin and the filling soil of graves. Accompanying grave furniture was composed of potteries, iron and bronze implements, beads and spindle whorls. These wooden coffin tombs and outer coffin tombs can be dated to around the third century AD.

Secondly, features of chosun dynasty was composed of

11호 널무덤 Wooden Coffin Tomb No. 11

출토 유물 Artefacts

옥류 Jades

three pit dwellings and four pit structures and 42 pits for pile.

Sanggaldong is an important site to investigate the wooden coffin tomb with ditched enclosure of the Proto Three Kingdom period, because it is placed on the most northern boundary of this burial type with the Mabukri site, Yongin.

고리자루큰칼 X–레이 사진 Sword with Ring Pommel

고리자루큰칼 Sword with Ring Pommel

유직 원경

경기 남부지역의 대규모 분묘군

Sucheongdong, Osan

기전문화재연구원

이번 유적에 대한 조사는 대한주택공사에서 시행하고 있는 오산 세교지구 택지개발사업에 수반되어 실시되었다. 조사결과 원삼국시대에서 근대에 이르기까지 147기의 유구가 확인되었는데, 이중 원삼국시대~삼국시대에 해당되는 유구는 널무덤 64기, 덧널무덤 2기, 수혈유구 12기 등이다.

나무널무덤은 주구를 가지는 것이 35기, 주구가 없는 것이 29기인데 주구의 유무를 제외하고는 동일한 양상을 보인다. 모두 장축방향이 등고선과 직교하게 조영되었는데, 높은 쪽이 호선(弧線)의 형태를 띤 장방형이다. 무덤구덩이[墓壙] 크기는 길이 2.20~4.0m, 폭 0.6~1.8m로 다양하다. 굴광을 한 후 나무널을 설치하고 높은 쪽에 유물부장공간을 배치하였

유직 원경
Distant Perspective of the
Sucheongdong Site

18호 묘 Tomb No. 18

2호 묘 Tomb No. 2

25호 묘 중국청자 출토 상태 Chinese Celadon from Tomb No. 25

다. 나무널의 크기는 대부분이 폭 0.7~0.9m, 길이 1.7~2.0m 정도로 일정한 편으로, 무덤구덩이의 대소는 보강 부분의 폭과 유물 부장공간의 길이에 의해 좌우된다. 나무널은 고르게 정지되지 않은 바닥과 구슬 등의 출토 상황, 바닥판이 확인되지 않는 것이 대부분인 점 등으로 보아 상자식의 관이 아닌 현지에서 판재로 결구한 것으로 판단된다. 유물 부장공간은 어떠한 시설도 설치하지 않았다. 주구(周溝)는 전체적으로 평면 형태가 ∩상을 띠나, 연결된 것, 가운데가 떨어져 2개로 된 것, 3개로 구성된 것 등 다양한 모습을 보인다.

수혈유구는 대부분 길이가 100cm 미만으로 소형이다. 평면형태는 정형화되지 않아 원형·타원형·부정형으로 다양하다. 크기나 형태 및 유물 배치상태 등으로 판단할 때 분묘가 아니라 매장에 수반된 의례와 관련된 유구일 가능성이 있다.

출토유물로는 토기, 철기, 구슬이 확인되었다. 토기는 원저단경호, 광구호, 직구호, 연질심발형토기 등이 확인되었다. 특히 중국 동진대(東晉代)의 것으로 추정되는 청자반구호(青瓷盤口壺) 1점이 출토되어 주목된다. 철기는 200여 점이 확인되었는데 공구류로 쇠도끼[鐵斧], 쇠낫[鐵鎌] 등이 출토되었고, 고리자루큰칼[環頭大刀], 쇠투겁창[鐵矛], 쇠화살촉[鐵鏃], 성시구(盛矢具) 등의 무기류, 그리고 재갈, 발걸이[鐙子], 말띠꾸미개[雲珠] 등의 마구(馬具)가 확인되었다.

오산 수청동 유적은 원삼국시대에서 삼국시대에 걸쳐 조영된 분묘군이 중심이다. 인접한 구릉에서 약 150기에 달하는 분묘가 추가로 확인되고 있어 미조사 지역까지 포함하면 수백 기의 분묘가 조영된 대규모 분묘군으로 추정된다. 이 유적과 인접 지역의 발굴을 통해 경기 남부지역의 묘제 및 지역사 연구와 더불어 백제고고학 연구에 귀중한 자료가 확충될 것으로 기대된다.

(집필 : 이창엽, 감수 · 최성락)

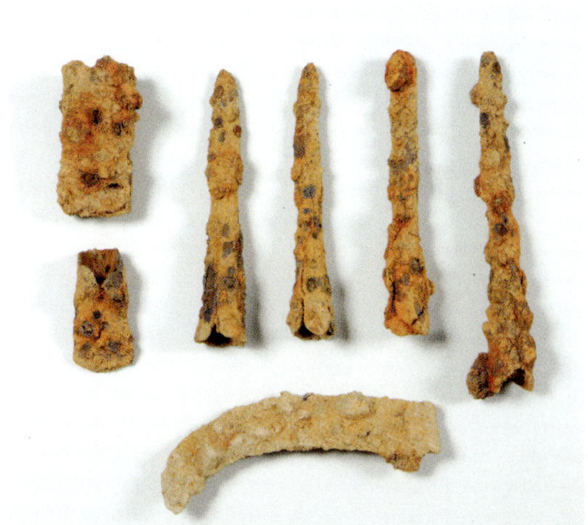

철제 유물 Iron Implements

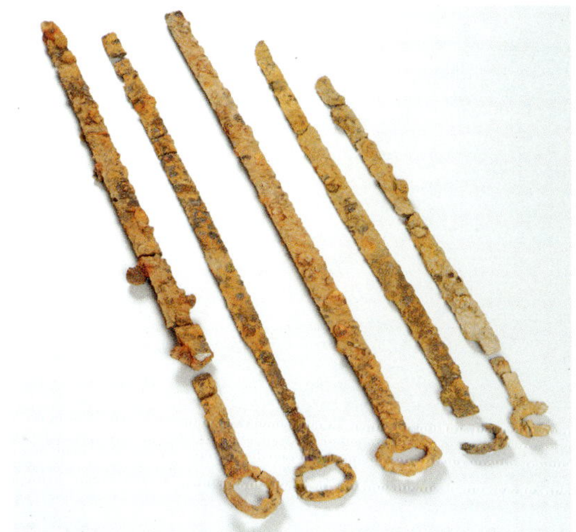

고리자루큰칼 Swords with Ring Pommel

Sucheongdong, Osan

The Sucheongdong site, in Osan is an extensive burial cluster located in the southern part of Gyeonggi Province dated from the Proto-three Kingdom to Three Kingdom Period. The rectangular shaped burial which was constructed cross with right angle against the contour line, and the interment area of grave goods was the high place of contour. Graves were mingled irrespective of accompanying with the ditched enclosure. Artefact is classified into pottery, iron implement and bead. Particularly a celadon jar made in East Chin dynasty in China was discovered. The result of preliminary survey to surrounding hillside of Suchangdong site shows at least 150 graves are placed on this area; thus it could be expected to acquire invaluable data to the burial type of the southern part of Gyeonggi Province and Baekjae archaeology.

토기류 Ceramic Vessels

백제 초기 도로유구 등이 확인된
풍납토성 서남편 일대 발굴조사
Pungnap Earthen Wall, Seoul

국립문화재연구소

풍납토성은 백제 한성시기(B.C.18~A.D.475년)에 축조된 평지토성으로 2004년부터 토성 내 서편에 위치한 197번지 일대를 조사하고 있다. '04~'06년까지 전체 조사대상지역(6,300평)의 서남편 일대(약 1,800평)에 대한 조사가 마무리되었다. 조사 결과, 주거지 6기, 부뚜막 8기, 수혈 86기, 도로 2기, 석축·석렬시설 7기, 구상유구 3기, 매납유구 6기, 폐기지 3기, 추정 내성벽의 하부구조 등 모두 120기의 다종 다양한 유구가 조사되었다. 층위나 유구간 중복관계, 출토유물상 등을 통해 볼 때 적어도

유적 원경
Distant Perspective
of the Pungnap Earthen
Wall site

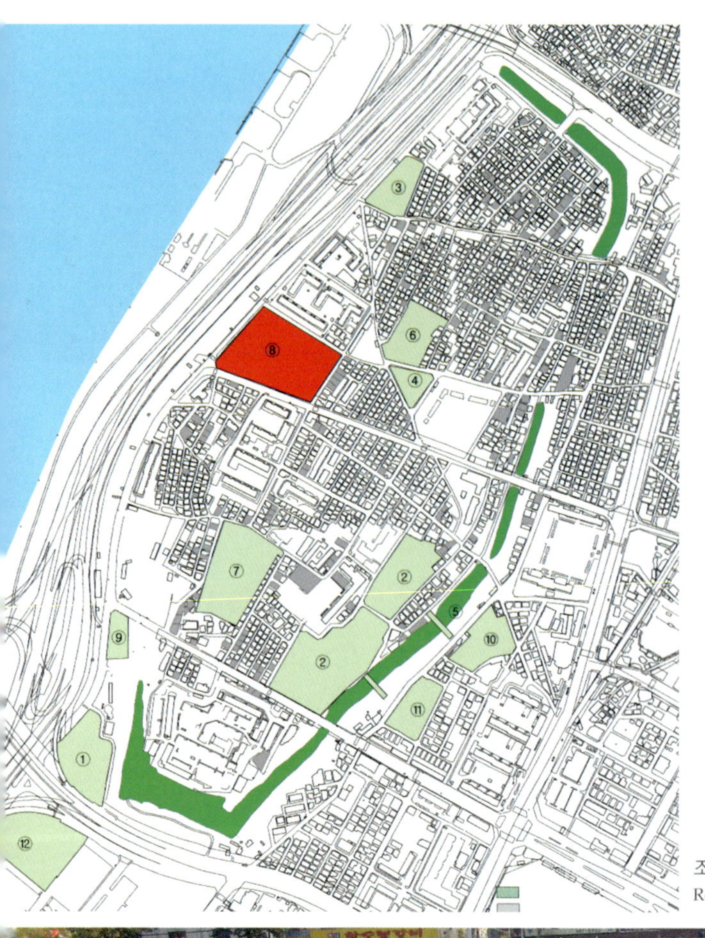

조사 지역 위치도
Road structure

4~5시기로 구분할 수 있으며, 경질무문토기가 주로 출토되는 수혈과 매납(埋納)유구(Ⅰ기)→한성기 이른 시기의 주거지나 수혈(Ⅱ-1기)→내성벽, 도로유구, 대형 수혈건물지 축조(Ⅱ-2기)→주거지 및 수혈 (Ⅲ기)로 변화한다. 결과적으로 본 조사지역은 다른 토성 내 지역에 비해 시간에 따른 공간활용 방식의 변화나 층서관계가 명확한 편이어서 풍납토성 내부의 변천과정을 파악하는 데 상당히 중요한 단서들을 제공하고 있다.

금번 조사에서는 유실된 서성벽 중 서문지를 안쪽에서 감싸는 형태의 내성벽 하부구조로 추정되는 유구가 확인되었다. 물론 성벽의 상부는 모두 유실되어 그 잔존상태가 극히 좋지 않으며, 향후 전면조사가 더 진행되어야 확실히

남북 도로 유구 Road Structure

6호 주거지 Dwelling No. 6

6호 주거지 세부 Detail of Dwelling No. 6

알 수 있을 것이지만 일단 현상황에서 서성벽의 진행방향 및 그 구조를 추정할 만한 단서가 발견되었다는 것은 중요한 성과이다. 그러나 내성벽 자체는 외성벽에 비해 그 존속기간이 길지 않았으며, 백제 당시에도 필요에 의해 비교적 단기간 구축되었다가 폐기되는 양상을 보이고 있다. 이러한 점으로 미루어 볼 때, 내성벽은 본래 있던 외성벽의 기능을 일시적으로 대체하거나, 외성벽을 보강하기 위해 추가적으로 수축된 성벽이었을 것으로 추정된다.

한편, 내성벽과 함께 조성되었을 것으로 보이는 남북방향의 도로와 남북 도로에서 'T'자형으로 연결되는 동서방향의 도로가 확인되었는데 이는 지금까지 경주의 신라 왕경이나 백제 사비기의 부여·익산지역에서 조사된 도로(6세기 이후)보다 적어도 200~300년 이상 빠른 시기에 축조된 것이며, 한성기의 것으로는 처음이라는 점에서 주목할 만한 유구라고 할 수 있다. 도성제 연구의 핵심 중 하나라고 할 수 있는 도로가 이번에 조사됨으로써 백제 한성기 도성제 연구에 중요한 자료를 확보했다는데 큰 의의를 둘 수 있을 것이며, 도로의 노면을 자갈로 두껍게 다져 축조한 것은 지금까지 백제 도로에서 보이지 않았던 것으로 축조시 들였던 공력을 생각할 때 풍납토성의 위계를 다시 한 번 실감할 수 있는 자료이다.

조사지역에서는 토기류, 기와류, 금속류 등 백제 한성시기 유물 수만 점이 출토되었으며, 특히 2004년 조사된 1호 수혈에서는 5천 점 이상의 기와

류와 함께 토제십각기둥장식이나 토관 등 대형기와 건물지에서 쓰였을 법한 유물들이 다량 확인되었다. 이들 유물에 대한 정리는 현재 진행중이며, 향후 이에 대한 보고와 분석작업이 이루어진다면 이 시기 기와의 제작기법이나 변천과정을 이해하는 데 큰 도움이 될 수 있을 것으로 생각한다.

풍납동 197번지 서남편 일대는 전체 조사대상 면적의 약 1/3정도이며, 앞으로 몇 년간에 걸쳐 나머지 지역에 대한 조사가 지속될 예정이다. 풍납토성 내부 조사지역 중 가장 넓은 면적에 대해 이루어지고 있는 조사인 만큼, 다양하고 풍부한 당시의 유구와 유물들이 출토되고 있으며, 향후 이에 대한 꾸준한 분석과 연구가 이루어진다면 백제 한성시기의 실체에 보다 가까이 접근할 수 있을 것으로 기대된다.

(집필 : 신종국, 감수 : 신희권)

토기류 Ceramic Vessels

Pungnap Earthen Wall, Seoul

The Pungnap earthen wall site has been believed to Hanam Wiryeseong which was the name of capital city in the early Baekjae (Hanseong Baekjae, 18 BC-475 AD). This site has been excavated by the National Research Institute of Cultural Heritage of Korea since 2003. In the survey of 2006, the T shaped road, a road extending from east to west connects with a road directing from north to south, was identified. This road surface is paved by the thick layer of pebbles. It is a noticeable discovery because constructing date of this site was earlier than roads excavated in Gyeongju (the Silla Wanggyeong site) and Buyeo-Iksan of the Sabi Period of Baekjae Kingdom (after 6th AD).

토기류 Ceramic Vessels

전남 동부지역의 고대문화를
잘 보여주는 유적
Deokamdong, Suncheon

남도문화재연구원

이 유적은 해발 46.5m의 독립된 구릉에 조성되었는데 기원후 1~5세
기대의 주거지와 환호(環濠), 삼국시대와 통일신라시대의 무덤 등 여러
시기의 다양한 유구가 조사된 복합유적이다.

주거지는 총 238기가 조사되었는데 청동기시대 주거지는 3~4세기대
주거지가 주를 이룬다. 평면형태는 원형이나 타원형이 주를 이루며 방
형계는 5세기대 이후의 주거지에서 확인되었다. 화덕[爐址]은 솥걸이가
설치된 것도 일부 확인되지만 특별한 시설이 없는 것이 대부분이다. 벽

유적 전경
Distant Perspective
of the Deokamdong Site

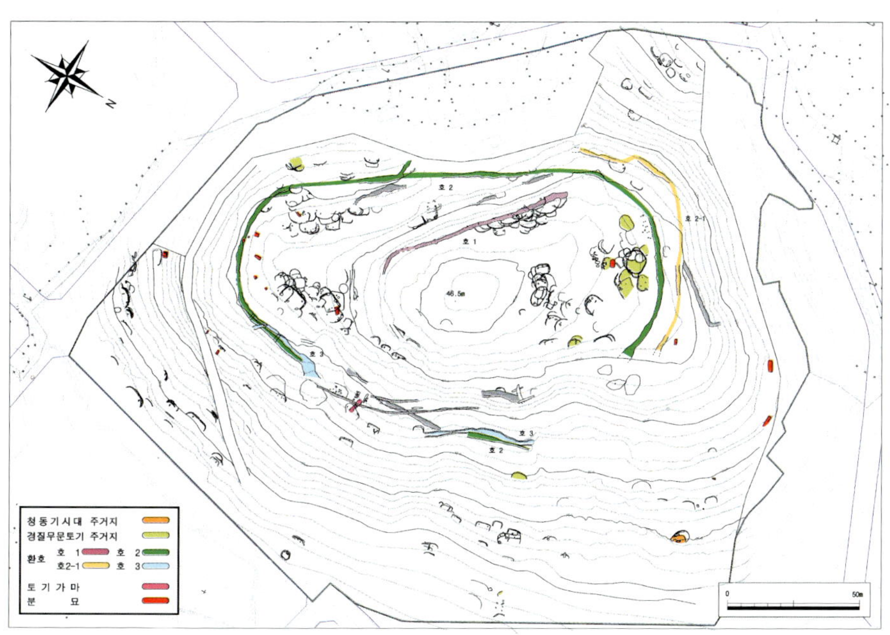

유구 배치도 Plan of the Deokamdong Site

주공은 주거지 벽면 전체나 일부에 설치되어 있는데 비교적 규모가 큰 주거지에서 벽구와 함께 확인되고 있다. 유물은 일부 주거지에서 경질무문토기만 출토되었으나 대부분 경질무문토기(硬質無文土器)와 타날문토기(打捺文土器)가 공반되었으며, 남동쪽 주거지의 경우 타날문토기와 함께 가야계토기가 다수 확인되었다.

　환호(環濠)는 구릉의 7~9부 능선(해발 32~41m)을 둘러싸고 있는데, 크게 3차례에 걸쳐 축조되었고 일부는 중복되었다. 가장 잘 남아 있는 호의 추정 전체길이는 약 419m이며, 너비는 1~2.3m 정도이다. 내부에서 주로 경질무문토기가 출토되고 있어 기원후 1세기 대에 형성된 것으로 파악된다.

　무덤은 돌덧널독무덤[石槨甕棺墓], 돌덧널무덤[石槨墓], 독무덤[甕棺墓] 등이 조사되었다. 돌덧널독무덤[石槨甕棺墓]은 5세기 말엽에 축조된 것으로 판석으로 덧널[槨]을 축조하고 그 안에 장란형토기 2점을 연결하여 관으로 사용하였는데, 길이는 약 95cm이다. 돌덧널무덤[石槨墓] 가운데 6호는 주곽(主槨)과 부곽(副槨)으로 구분하고, 주곽(主槨)에는 시신과 함께 철제 무기류를, 부곽(副槨)에는 토기류를 도끼·낫 등이 철기류와 함께 부장하였다. 출토유물로 볼 때 6세기 초에 조영된 것으로 보인다. 통일신라시대 돌덧널무덤[石槨墓]은 2기가 조사되었는데, 시신을 놓는 시상대(屍床臺)를 한 쪽에 마련하고 모서리에 인화문토기(印花紋土器)를 부장하였다.

 이상과 같이 덕암동 유적은 여러 시기의 다양한 유구가 조사된 복합유적으로, 원삼국시대~삼국시대의 전남 동부지역의 고대문화를 밝히는데 중요한 자료를 제공하는 유적이다.

(집필 : 박미라, 감수 : 최성락)

Deokamdong, Suncheon

The Deokamdong site is located on a hillside which rises 46.5 metres above the sea level. A various kinds of feature comprising dwellings, a ditch dated to the 1st-5th Century AD, and burials in the Three Kingdom Period and the United Three Kingdom Period have been unearthed. The total quantity of dwelling is 238, most of them are oval shaped. Artefact is composed of plain hardwares (Gyeongjilmumun pottery) Paddling potteries

4 · 5호 주거지 Dwelling No. 4 and 5

183호 주거지 Dwelling No. 183

(Tanalmun pottery) and Gaya type potteries. A ditched enclosure dated to the 1st Century AD, enclosing hillside had reconstructed two times since the first construction and is 419 metres in length. In addition, stone-lined tomb, jar coffin tombs and jar coffin tombs with stone outer coffin have been discovered. Deokamdong site therefore is a complex remains of the ancient time comprising various archaeological features, and it will help to reconstruct the ancient culture of the eastern part of Jeonnam Province from the Proto Three Kingdom to the Three Kingdom Period.

환호 단면 상태 Detail of Ditched Enclosure

환호 세부 Detail of Ditched Enclosure

6호 돌덧널무덤
Stone Cist Tomb No. 6

돌덧널독무덤
Jar Coffin Tomb
with Stone Outer Coffin

출토 유물 Artefacts

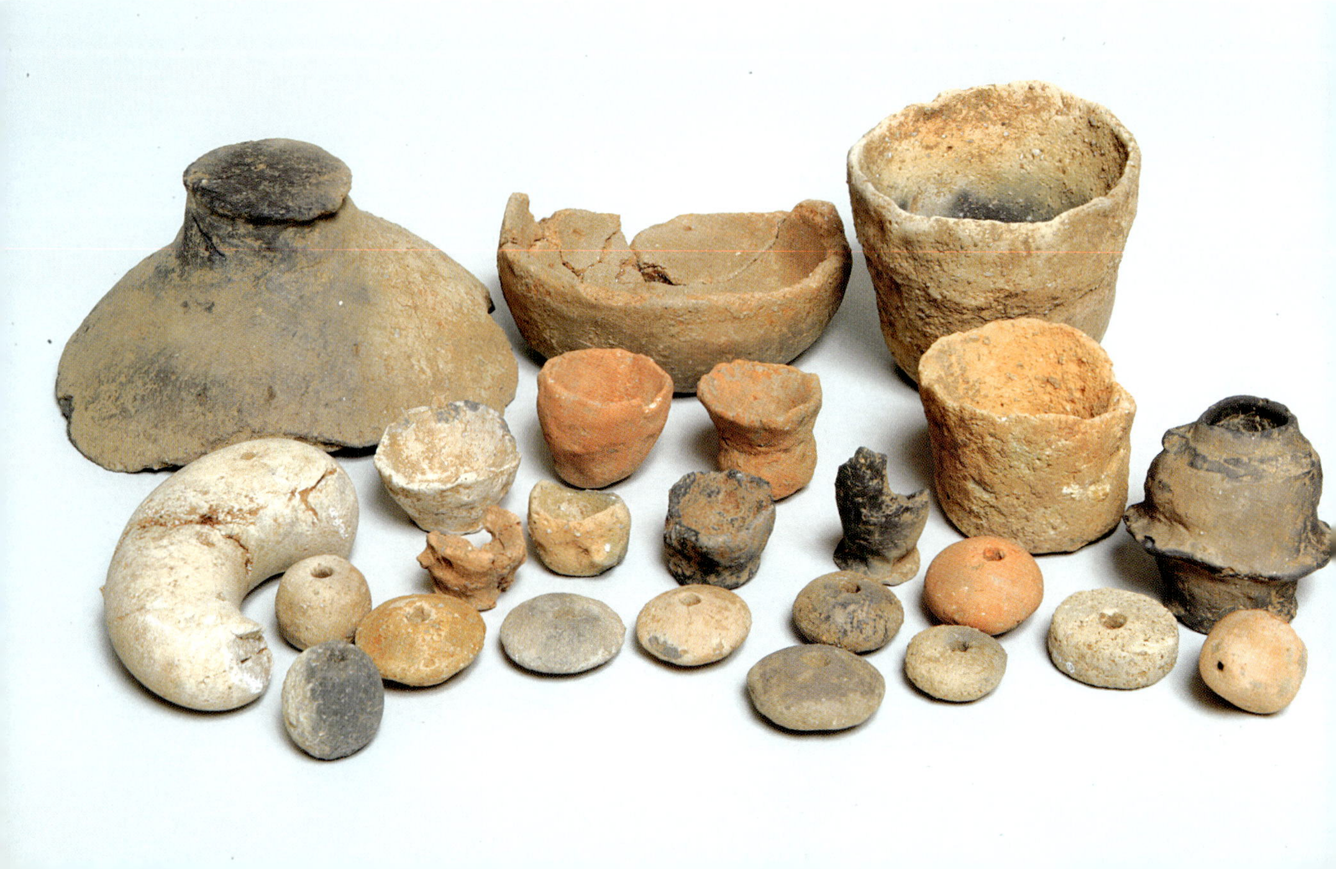

목긴 항아리
Long-necked Jar

그릇받침 Pottery Stand

목긴 항아리 Long-necked Jar

원통형 그릇받침 Cylinder-shaped Pottery Stand

삼국시대 생활에서 죽음까지 전과정을 엿볼 수 있는 유적

Hanamdong and Sanjeongdong, Kwangju

호남문화재연구원

이 유적은 광주 하남 2지구 택지개발사업 진행 과정에서 확인된 것으로, 광주광역시의 서쪽 가장자리에 위치하고 있다. 조사지역은 장수천을 기준으로 북쪽은 하남동유적, 남쪽은 산정동유적으로 나누어진다. 하남동유적에서는 청동기시대 주거지 1기, 삼국시대 주거지 345기, 지상건물지(地上建物址) 30여 기, 구(溝) 64기, 고분(古墳)·독무덤[甕棺墓] 등을 비롯한 묘제 33기 등이 조사되었고, 산정동유적에서는 청동기시대 주거

하남동유적 1구역 주거지 군집 상태
Cluster of Dwellings in the District 1 at Hanamdong Site

산정동유적 방형건물지
군집 상태
Cluster of Rectangular-shaped
Dwellings at the Sanjeongdong
Site

지 1기, 삼국시대 주거지 66기, 방형건물지(方形建物址) 29기, 지상건물지 32기, 구 36기, 고분 3기, 가마 4기 등이 조사되었다.

주거지는 대부분 기원후 3세기에서 5세기대까지 집중되며, 내부에서는 장란형토기(長卵形土器)와 바리형토기[鉢形土器], 이중구연호(二重口緣壺), 토제 뚜껑 등 취사, 저장과 관련된 유물이 다수 출토되었다. 또 이들 주거지와 함께 지상건물지, 삼국시대 토기 가마, 수리시설로 추정되는 여러 기의 구(溝) 등이 조사되었다.

제의(祭儀) 관련 유구로는 하남동유적의 1구역 구릉 상단부에서 등고선과 나란한 방향으로 진행하는 구가 다수 조사되었다. 또 산정동유적의 1구역에서 조사된 대형의 방형 건물지는 일반 건물지와는 다른 양상으로 건물지의 외곽으로 방형의 구를 배치하였으며 내부에서는 제의 관련 유물들이 출토되었다.

분묘 관련 유구는 하남동유적 3구역에서 다수의 제형고분군(梯形古墳群)과 함께 주변에서는 제형고분의 주구(周溝)만 남아있는 유구와 독무덤, 움무덤[土壙墓] 등이 조사되었다. 또 산정동유적의 1구역 남쪽 가장자리에서는 5세기 대의 원형 고분 3기가 군집된 양상으로 확인되었고, 하남동유적 1구역의 정상부에서는 통일신라시대의 돌덧널무덤[石槨墓] 3기가 조사되었다.

광주 하남동과 산정동유적에서는 청동기시대부터 통일신라시대까지 다양한 유구가 조사되었다. 특히 삼국시대에 이르러 유적이 대규모로 확장되는 양상으로 마을에서부터 생산과 제의 관련 유구, 무덤에 이르기까지 다양한 유구들이 확인되어 당시 문화를 복원하는데 귀중한 자료들을 제공하고 있다.

(집필 : 양해웅, 감수 : 최성락)

Hanamdong and Sanjeongdong, Kwangju

Excavation to this site was conducted due to the preparing for a housing site. Jangsu-cheon (Jangsu River) demarcates this site into the north and south. The Hanamdong site is located on the northern part where one Bronze Age dwelling, 345 dwellings of the Three Kingdom Period, 30 building structures, 64 ditched enclosures, 33 graves including mounded tomb and jar coffin tomb have been excavated. The Sanjeongdong site is placed on the southern part where one Bronze Age dwelling, 66 dwellings of the Three kingdom Period, 29 square shaped dwellings, 32 building structures, three

하남동유적 1구역 도랑유구 토층
Stratigraphy of Ditch in the District 1
at the Hanamdong Site

하남동유적 1구역 도랑유구 출토 모습
Ditch Structure in the District 1
at the Hanamdong Site

하남동유적 중간부에서 확인된
도랑유구와 기둥구멍열의
배치 상태
Layout of Ditch Structures and
Pillar holes at the District 1
of the Hanamdong Site

산정동유적 1, 2호분
Tomb No. 2 and 3
at the Sanjeongdong Site

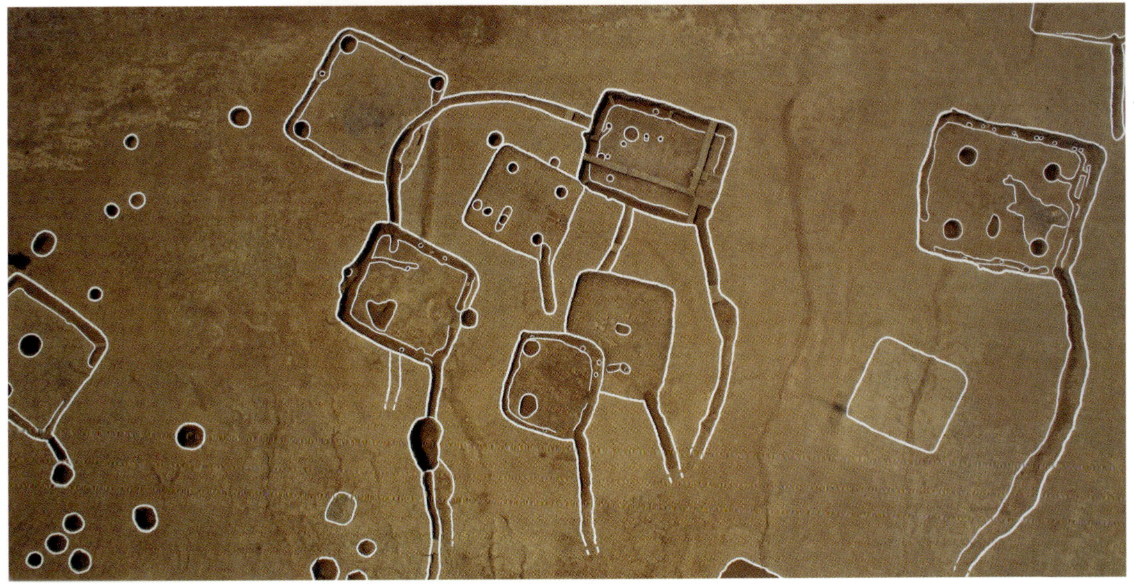

산정동유적 1구역 주거지 밀집 상태
Layout of the District 1 at the Hanamdong Site

burials and four kilns have been uncovered.

Extensive evidences to the life and death of human being dating from the Bronze Age to the Three Kingdom Period have been unearthed in this site. Particularly, the dimension of site expanded as an extensive scale in the Three Kingdom Period consisting of settlements, features for ritual ceremonies and burials; hence these might furnish invaluable information to reconstruct socio-cultural aspect in those days.

아궁이틀 Flame of Fireplaces

출토 유물 Artefacts

신라토기가 출토된 영산강 유역 고대 고분군

Yeongdongri, Naju

동신대학교 문화박물관

이 유적군은 2005년 마을 주민이 밭 경작을 위해 대숲을 개간하던 중 우연히 발견되었다. 이 유적은 영산강 본류와 그 지류하천인 대천, 그리고 충적평야인 다시들판 가장자리의 구릉지대에 입지한다. 주변에는 다수의 고분군이 존재하는데, 구릉지대에서는 문동리고분군, 횡산고분 등 중소형 고분군이 입지하며, 평야지대에는 복암리고분군(사적 404호), 가흥리고분 등 대형고분군이 자리잡고 있다.

발굴조사 결과, 모두 8기의 고분이 확인되었다. 그 중에서 중심적인 매장주체부가 확인된 고분은 모두 5기이며 나머지 3기는 고분의 기저부만 확인되었다. 이들 고분군 내부에서는 현재까지 4세기부터 7세기에 이르는 독무덤[甕棺墓] 26기, 돌방무덤[石室墓] 8기, 돌덧널무덤[石槨墓] 3기 등 모두 37기의 매장주체부가 확인되었다.

1호분
Tomb No. 1

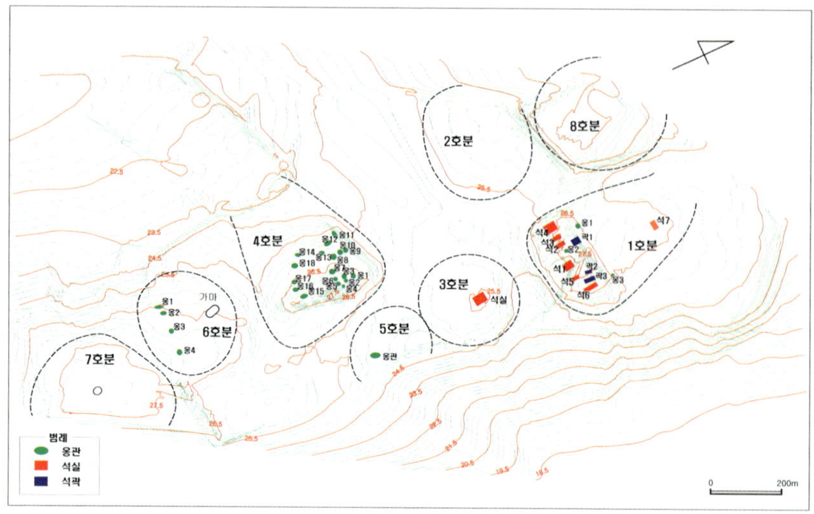

유구배치도 Plan of the Yeongdongri Site

제1호분은 독무덤, 돌방무덤, 돌덧널무덤 등 13기의 다양한 매장주체부가 한 봉분 안에 매장된 복합분묘로서 나주 복암리 고분과 비교되는 고분이다. 고분의 조성과정은 4세기 전반의 옹관고분(甕棺古墳)이 축조되어 사용되다가 약 2세기의 공백기를 거친 후, 5세기 말~6세기 전반에 굴식돌방무덤[橫穴式石室墓]이 축조되고, 뒤이어 6세기 후반~7세기의 백제계 돌방무덤과 돌덧널무덤이 차례로 추가되면서 축조된 것으로 판단된다.

제3호분은 굴식돌방무덤에서 신라계 토기, 재지토기, 백제계 토기, 왜계 토기 등 4개 문화권의 특징을 가진 토기들이 함께 어우러져 매납되었다는 점에서 주목되는 고분이다. 특히 신라계의 토기가 백제계의 삼족기(三足器)와 동일한 가마에서 소성되었고, 또한 신라에서의 조합상과

1호분 3호 돌방
Stone Chamber No. 3 in Tomb No. 1

1호분 3호 돌덧널
Stone Cist No. 3 in Tomb No. 1

1호분 2호 돌방
Stone Chamber No. 2 in Tomb No. 1

1호분 5호 돌방
Stone Chamber No. 5 in Tomb No. 1

1호분 6호 돌방
Stone Chamber No. 6 in Tomb No. 1

3호분 Tomb No. 3

달리 삼족기와 토기뚜껑이 함께 출토되었다. 신라토기는 이 묘실 뿐만 아니라 제1호분 6호 돌방무덤에서도 입구부분에서 매납된 부가구연대부장경호 1점이 확인되어 신라토기의 매납이 5세기말~6세기 전반 뿐만 아니라 6세기 후반까지 지속되었을 가능성을 보여준다. 이는 고대 영산강세력과 신라의 관계를 구체적으로 확인하는 실마리가 될 것으로 기대된다.

한편 이 유적에서는 모두 21개체에 이르는 인골이 확인되어 피장자의 매장과정 분석, 형질학적 분석, DNA 분석 등 다양한 분석이 이루어지고 있다. 그 결과가 확인되면 영산강유역 고대사회에 대한 풍부한 연구 자료들이 제공될 수 있을 것이다.

(집필 : 이정호)

Yeongdongri, Naju

A total of eight mounded tombs dated to the 4th-7th AD have been excavated at the Yeongdongri site, Naju. The substructure of this tumulus is composed of 26 jar coffin tombs, eight stone chamber tombs and three stone lined tombs. A total of 21 human skeletons were found in chambers.

Mounded tomb No. 1 has been paid attention on archaeologists, since various burial types were co-existed within a mound. In particular, Silla type pottery was deposited together with local type, Baekjae type and Wa (Japan) type potteries. This fact would offer the important clue to investigate the specific relationship and network between the power groups of the Yeongsan River Basin and Silla.

개배 Dishes with Cover

굽달린 잔
Mounded Cup

장군
Jar

굽다리접시
Mounded Dish

유공광구소호
Small Jar with Hole

고대 남해안 해상세력의 수장무덤

The Andong Burial, Gohung

전남대학교 박물관

이 고분은 남해안의 해창만을 낀 낮은 구릉상에 위치하고 있다. 자연구릉의 일부로 보이기도 하지만 정상부에 천정석으로 추정되는 판석이 노출되어 있어 돌방무덤[石室墓]으로 알려졌으나, 조사결과 구덩식돌덧널무덤[竪穴式石槨墓]으로 밝혀졌다. 고분의 분구(墳丘)는 직경 34m, 높이 약 5m에 달한다. 구릉 정상부의 구지표면을 정지하고 분할 성토(盛土)하면서 정상부에 돌덧널[石槨]을 축조하였다. 천정석은 3매의 판석을 이용하였다. 돌덧널은 평면형태가 사다리꼴이고 길이 320cm, 너비 150cm(동)-130cm(서), 깊이 160cm이며, 장축은 동-서 방향이다.

조사 모습
Excavation of Tomb

고분 실측도
Plan of the Mounded Tomb

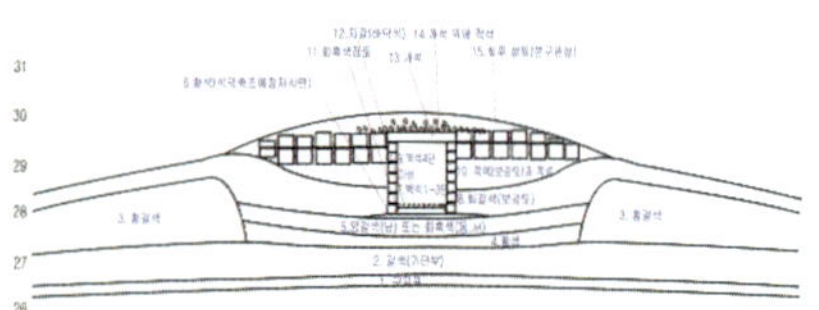

고분 축조 모식도
Plan of the Mounded Tomb

돌덧널 바닥에는 잔돌을 깔았으며 모든 유물은 자갈층 위에 놓여있다. 서벽 중심부에서 금동관(金銅冠)이 출토되고 그 동쪽에서 금동신발이 출토되었다. 중앙부에서는 직경 10.5cm의 후한(後漢) 연호문경(連弧紋鏡)이 출토되었는데 '장의자손(長宜子孫)'의 명문이 확인되었다. 동벽에서는 투구와 갑옷이 출토되었는데 투구는 소찰병유미비부주(小札鋲留眉庇付冑)로, 갑옷은 삼각판병유단갑(三角板鋲留短甲)으로 추정된다. 그밖에 금동귀걸이, 고리자루큰칼[環頭大刀], 쇠투겁창[鐵矛], 살포, 쇠화살촉, 유리옥 등이 출토되었으나 토기류가 없는 점이 특징이다.

고분의 연대는 금동관의 시문 방법이 타출이며 문양 자체로 보아 서산 부장리 출토품과 큰 시차가 없다는 점과 공반된 다른 유물들로 미루어 보아 5세기 중엽경으로 추정하고 있다.

이 고분은 백제권에서 가장 멀리 떨어진 남해안의 고흥반도에 위치하면서 금동관과 금동신발을 비롯한 다양한 유물들이 출토됨으로써 백제와의 관계에 대해 많은 주목을 받고 있다. 조사된 무덤이 당시 백제의 매장시설과 다를 뿐만 아니라 분구의 구조, 출토유물 등도 백제와는 다르기 때문에 고분의 주인공을 백제와 직결되는 인물로 보기는 어렵다. 따라서 고분의 주인공은 이 지역의 수장으로서 해상활동을 통해 축적된 부와 세력을 바탕으로 나름대로의 독자성을 표방하기 위한 상징물로서 금동관을 사용하였을 것으로 보인다. 만약 이 금동관이 백제에서 사여(賜與)되었다면 지배, 피지배의 관계와는 다른, 상호 협력을 위한 호의품으로 제공되었을 가능성도 있을 것이다.

(집필 : 임영진, 감수 : 최성락)

돌덧널 정리 후
Excavation of Tomb

The Andong Burial Site, Gohung

금동관 및 금동신발 출토 모습
Gilt Bronze Crown and Shoes

This grave is located on the hillside lying adjacent to the coastline of the South Sea. Remained mound is 34 metres in length and 5 metres in height. The dimension of stone coffin constructed on the summit of mound is 320 cm in length, 150 cm (east)-130 cm (west) and 160 cm in depth. Uncovered artefacts constitute a gilt bronze crown, a pair of gilt bronze shoes and earrings, armour, helmet, arrowheads, spades for irrigation work, spearheads, and glass beads. The date of tomb is estimated in around the 5th Century A.D.

This tomb is situated on the Gohung Peninsula where was farthest away from the centre of Baekjae Kingdom; thus engage attention from archaeologist and historians in relation to the network between Baekjae Kingdom and local political elites. A deceased of this burial is postulated to a ruler of local polity who could accumulate wealth by means of seaborne trade with Baekjae; thus he/she could posses a gilt bronze crown. If this gilt bronze crown was endowed by Baekjae, it is possible to be presented for the mutual cooperation rather than patronage relationship under domination by Baekjae Kingdom.

금동관 노출 모습
Detail of Gilt Bronze Crown

서해안 지역에서 조사된
대단위 백제 지방 세력의 무덤 유적
Gijiri, Seosan

공주대학교 박물관

서산 기지리 분구묘는 국방과학연구소에서 추진하는 시설 예정 부지에 대한 구제발굴조사를 통하여 확인된 유적이다. 유적이 위치한 곳의 지형은 해발 20~30m의 저산성 구릉지로 이루어져 있으며, 주변에 비교적 넓은 충적지대가 발달되어 있다. 특히 조사지역 주변에는 해미천과 남정천 등의 하천이 인접해 있어 배후의 산록에서 뻗어 나온 완사면의 구릉지와 더불어 남서쪽의 천수만까지 연결되는 등 수계가 잘 발달되어 있다.

기지리 분구묘(墳丘墓) 유적에서 확인된 유구는 시기별로 신석기시대

분구묘 조사지역
Area of the Mounded Tomb

Ⅲ구역 분구묘
Mounded Tomb in the District Ⅲ

분구묘 내 매장주체부 조사 후
View of Burial Platform in Mounded Tomb after Investigation

부터 조선시대까지 걸쳐 있고, 유구의 종류는 신석기시대와 청동기시대 주거지, 원삼국·백제시대의 주거지와 분구묘 및 움무덤[土壙墓]이 있으며, 조선시대의 주거지와 무덤이 함께 중층으로 남아 있는 상태이다.

가장 주목되는 유구는 분구묘로서, Ⅱ·Ⅲ지역으로 구분된 능선 전체에 걸쳐서 약 60여 기가 조사되었으며, 조사 범위에 포함되지 않은 주변지역의 지표면에서도 약 16기 이상의 분구묘 존재가 확인되고 있는 것으로 보아, 조사대상지역을 포함하여 주변의 나지막한 구릉지대 전체에 걸쳐서 넓게 분포하였던 것으로 추정된다.

기지리유적에서 확인된 분구묘의 특징은 비교적 넓은 범위에 다량의 분구묘가 분포하고 있음에도 불구하고, 규모는 기존에 조사·보고된 일반적인 분구묘와 비교할 때 크지 않으며, 최근에 조사된 주변의 자료에 비하여 유구의 잔존상태나 유물의 부장상황 등에 있어 지역색이 뚜렷하게 나타난다는 점이다. 그리고 지표조사 단계부터 분구묘의 존재를 인지하고 조사를 진행함으로써 구체적인 분구묘의 축조방법을 파악하고, 이를 기초로 기존에 획일적으로 인지되었던 선분구(先墳丘) 후매장주체부(後埋葬主體部) 조성 이외에 지면정지(地面整地)→매장주체부 조성→주구굴착(周溝掘鑿) 및 분구성토(墳丘盛土)라는 구체적인 분구묘 조성과정을 확인하였다는데 중요한 의미가 있다.

분구묘 내 출토유물은 모두 관 내부에 부장된 것으로 확인되는데, 우선 매장주체부의 머리부분에 해당하는 관 외곽에 철정(鐵鋌)을 1~2개 세워서 부장하였으며, 매장주체부의 발치에는 1~2점의 토기를 부장하였다. 토기류(土器類)는 대부분 평저 직구호 계통이 많이 확인되며, 이밖에 광구호와 단경호, 뚜껑, 흑색마연토기(黑色磨研土器)와 흑색마연계 토기 등이 있다. 가장 많이 출토되는 평저 직구호 계통의 토기는 태토가 회백색의 니질점토를 이루고 있으며, 뚜렷한 형태로 조성된 평저라는 점이 주목되며, 이는 호남지역에서 많이 확인되는 기종과 비교가능한 것이다. 그리고 흑색마연토기와 흑색마연계 토기의 경우 약 7기의 분구묘에서 출토되었는데, 단위 유적당 출토 비중이 가장 높은 것으로, 해미 기지리 분구묘유적 구성 집단의 특성을 보여주는 중요한 자료로 활용될 수 있을 것으로 판단된다. 철기류는 철정과 농기구가 많은 양을 차지하며, 장신구류로는 수정과 벽옥제 대롱옥, 금박옥 등이 확인되었다. 그리고 청동유물로는 방제경(倣製鏡)으로 판단되는 사유훼룡문경(四乳虺龍紋鏡)과 환(環), 방울이 함께 출토되었다. 청동유물이 출토된 유구의 경우, 유물을 중심으로 피장자의 성격을 파악하는데 중요한 자료가 될 것으로 판단된다.

서산 기지리 분구묘 조사를 통하여 확인된 자료는 최근에 조사된 서산 음암면 부장리유적을 비롯하여 완주 상운리유적 등지에서 조사된 사례와 병행하여 고찰될 경우 자료적 가치가 매우 큰 것으로 판단된다. 이번 조사를 통해서 서산지역 일원을 중심으로 하는 서해안지역에 위치하는 백제 지방세력의 물질문화 연구에 중요한 자료를 제시할 수 있을 뿐만 아니라, 출토 유물에서도 재지적 전통과 백제 중앙과의 연관성을 검토할 수 있는 구체적인 자료를 제시할 수 있게 되었다. 더 나아가 묘제 변천의 양상을 추정하는 계기와 더불어 분구묘의 이해 폭을 넓히는데 나름의 기여가 있을 것이라 기대된다.

(집필 : 이남석)

방제경(倣製鏡)
Copying Chinese Mirror

Gijiri, Seosan

The Gijiri Site, Seosan, has yielded a variety of archaeological features including dwellings of the Neolithic Era and the Bronze Age dwellings, mounded tomb, and pit burials of the Proto-Three Kingdom Period.

Among them, mounded tombs are the most remarkable feature because more detailed constructing method of this tomb type could be identified in this site. The result of this survey shows that the constructing procedure of mounded tomb constitutes four stages, levelling of burial platform-preparing chamber-digging ditched enclosure-building mound, besides preceding mound building and following chamber preparing hitherto known to archaeologists.

The Gijiri site is therefore an invaluable resource which brings us to understanding the material cultures of local power groups of Baekjae Kingdom located in the coastline of the Yellow Sea.

철제 유물 Iron Implements

토기류 Ceramic Vessels

백제시대의 철생산과 저장시설을 살펴볼 수 있는 유적

Yeonjaeri, Cheongwon

중앙문화재연구원

청원 연제리유적은 오송생명과학단지 조성사업부지 내 중앙에서 서쪽으로 약간 치우쳐있는 야트막한 구릉(해발 52m)에 위치한다. 북서쪽에 구릉정상(해발 52m)에서 동남쪽으로 부채꼴 모양으로 완만하게 펼쳐져 구릉 하단의 평탄지(해발 37m)와 만난다. 백제시대와 조선시대에 걸친 문화층이 확인되었으며, 백제시대 유구는 조사지역 구릉 중턱에 위치한 수

2호 구덩 유구 Pit Structure No. 2

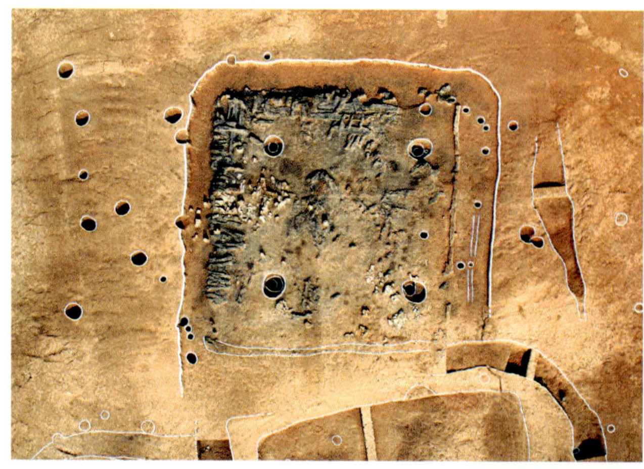

1호 주거지
Dwelling No. 1

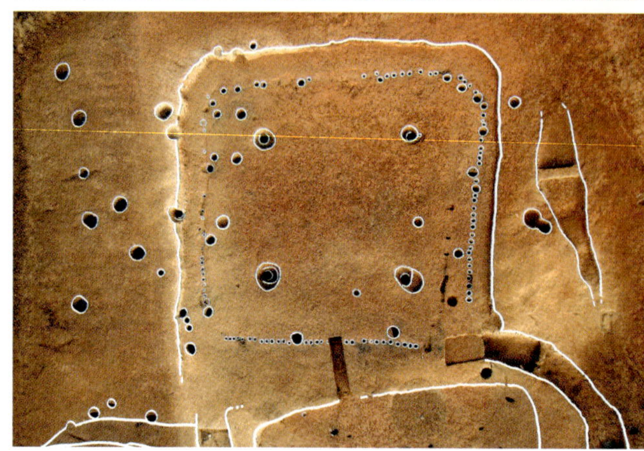

1호 주거지(조사후)
Dwelling No. 1 (After Investigation)

혈유구 4기와 지상식건물지 2기, 백탄요 1기와 구릉 말단부 평지에서 주
거지 6기, 철생산 시설, 수혈유구 1기, 지상식건물지 16동, 주혈군이 확
인된다. 특히 주거지와 백탄요, 철생산 시설이 남사면에 집중되고 있다.

　조사된 6기의 주거지 중 1호가 가장 잘 남아 있었는데 길이 1,080㎝,
너비 1,020㎝의 방형 주거지로 화재로 인해 북벽과 서벽의 목재가 넘어
진 양상이 잘 확인된다. 특히 4개의 주기둥 이외에도 벽면에서 주거지
내부로 약 70㎝ 간격으로 너비 10~15㎝, 깊이 10~22㎝의 기둥구멍[柱
穴]이 4~20㎝ 간격으로 조밀하게 확인되었다. 유물은 짧은목항아리 6
점을 비롯하여 모두 20점 출토되었고, 곡물이 다량 확인되었다. 화덕이
확인되지 않고, 작은 기둥구멍이 많이 확인된 것으로 보아 일반 주거용
도가 아니라 특수한 목적으로 만들어진 것으로 추정된다.

　(타)원형의 수혈유구는 5기가 확인되었는데 이 중 2호 수혈유구에서
는 옹형토기, 짧은목항아리, 동이, 시루 등 42점의 토기와 토기 내부와

바닥에서 다량의 곡물이 출토되어 저장용도의 수혈임을 확인할 수 있었
고, 함께 출토된 각종의 토기로 백제시대 토기 편년에 중요한 자료를 확
보하게 되었다.

　조사지역 남동쪽 끝단에서 철제작 시설이 확인되었다. 북쪽에서는 추
정 지름 115㎝의 제련로 1기가, 남쪽 슬래그 퇴적층에서 성격 불명의 노
(爐) 2기가 확인되었다. 제련로는 후대에 만들어진 기둥구멍에 의해 파괴
되었다. 노 벽체는 6∼8㎝ 두께로 소결되어 있었으며, 소결된 바닥 위로
굵은 모래가 6㎝ 두께로 채워져 있었다. 제련로 서쪽에는 노와 연결된 구
가 확인되었는데 길이 550㎝, 너비 25∼75㎝이다. 구 내부는 슬래그와

철 제작 시설 Iron Manufacturing Place

제련로 Smelting Furnace　　　　　　　　　　　제련로 세부 Detail Smelting Furnace

제철관련 폐기물로 채워져 있었다. 구의 남쪽에는 슬래그 퇴적층이 형성되어 있었는데 내부에는 슬래그와 송풍관편이 암갈색 사질점토와 함께 퇴적되어 있다. 이 퇴적층 위에서 길이 150㎝, 너비 26～28㎝의 성격불명 노가, 이 노의 서편 230㎝ 지점에서도 길이 85㎝, 너비 25㎝의 노가 확인되었다. 노의 내벽은 철성분이 산화되어 암적갈색을 띠고, 외벽은 적갈색으로 약하게 소결되어 있었다. 불명 노 내부에는 슬래그와 철편 등이 포함된 사질점토가 퇴적되어 있었다. 제철시설 이외에도 철 제작과 관련이 있는 것으로 추정되는 백탄요 1기가 출토되었다. 이 지역에서 처음으로 발견된 제철 시설이며, 성격불명의 노가 확인되어 주목할 만하다.

구릉 말단부 평지 전 구간에 걸쳐 수많은 기둥구멍들이 확인되었고, 이 기둥구멍들 중 지상식건물지 18동이 조사되어 대규모 마을이 존재하였을 가능성이 높다.

청원 연제리유적은 기원후 4세기 대의 철 제작, 주거, 저장시설을 이해할 수 있는 백제시대 복합 유적으로 그동안 미호천 일대에서 확인되지 않았던 대규모의 주거지와 많은 양의 토기와 곡물을 매납한 저장수혈, 철 제작 관련 시설이 확인되어 화성 기안리유적과 더불어 고대 생산 집단의 실체를 밝히는데 좋은 정보를 제공하는 것으로 평가된다.

(집필 : 조재경 · 조용호 · 서병국)

토기류
Ceramic Vessels

시루
Steamer

시루 바닥 세부
Detail of the Bottom of Steamer

Yeonjaeri Cheongwon

The Yeonjaeri site, in Chaeogwon, is an important archaeological place to understand the iron manufacturing processes, settlement patterns and storing methods of Baekjae Kingdom. It is supposed that six settlements found in this site were constructed for special purposes in that a number of pit structures are densely distributed within dwelling.

Features related to the iron production being firstly found in this area is composed of a smelting furnace calculating approximately 115cm in diameter and two furnaces that the purpose of them has not been ascertained. A ditched structure connected with at the western side of a smelting furnace was found, the scale of this feature is 550cm in length and 20-70 cm in width. Slag and debris of tuyere was deposited at the bottom of the ditched structure. In addition, a charcoal furnace related to iron production was uncovered.

토기류 Ceramic Vessels

경기 남부의 삼국시대 마을유적

Sammakgok, Yongin

기전문화재연구원

이 유적은 용인 동백지구 택지개발에 따른 주변도로 개설공사의 일환으로 조사되었다. 이 지역은 백제시기의 생활유적과 고분유적, 신라시기의 생활유적과 고분유적이 정확히 세트를 이루는 곳으로 이 지역 전체가 삼국시대부터 대규모 마을을 형성했을 가능성이 매우 높다.

조사결과 삼국시대 주거지 73기와 수혈유구 370기를 비롯하여 조선시대의 다양한 유구가 확인되었다.

백제시기 주거지의 평면 형태는 방형, 장방형이 주를 이루며 조사지역 전체에 비교적 고르게 분포한다. 내부에서는 점토와 점토+할석(割石)을 이용한 부뚜막시설이 확인되었다. 그리고 일부에서는 출입부가 확인되었는데 거의 부뚜막 맞은편에 위치하는 양상을 보인다.

신라시기 주거지의 평면 형태는 방형과 장방형이 주를 이루나 방형이 수적으로 우세한 편이다. 분포는 백제시기 주거지와 달리 간헐적이며 조사지역 남측에 밀집된 양상을 보이고 있다. 내부에서는 온돌이 보이는데, 이것은 조사지역 내 신라시기 주거지에서만 확인되는 시설로서 판석과 할석을 사용하였다. 화기(火氣)가 아궁이에서 배연부로 지나갈 때 1~2회 정도 꺾이게 조성한 특징을 보인다. 이것은 화기가 바람에 의해 역류하는 것을 방지하려는 의도로 파악된다.

유적 원경
Distant Perspective
of the Sammakgok Site

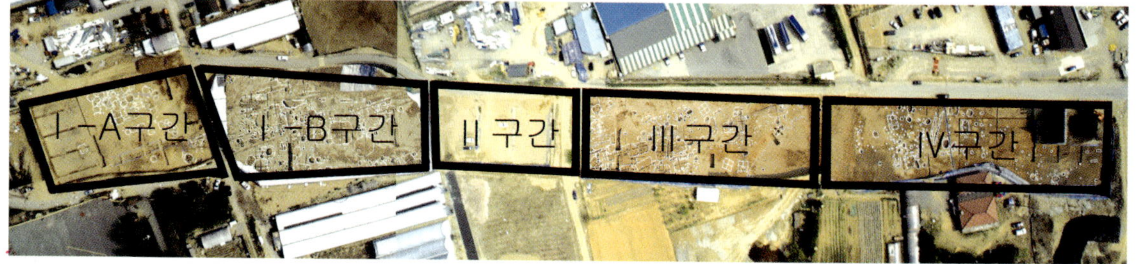

　백제시기 유물은 다양한 기종의 토기와 함께 철낫[鐵鎌], 철끌[鐵鑿] 등 철기류
가 출토되었으며, 특히 병과 회청색 경질 광구호·장군 등의 출토로 보아 한성백
제시기의 늦은 단계로 판단된다.

　신라시기 주거지는 출토된 단각고배로 미루어 보아 대략 6~7세기대로 편년이
가능하다.

　이 유적은 주변에 분포하고 있는 삼국시대 제유적과 연계될 수 있는 것으로 한
성백제기 문화권역의 확산 및 백제시기에서 신라시기로의 전환 및 변천과정 등

Ⅰ-B구역 28호 주거지 전경
Dwelling No. 27 in the District I-B

Ⅲ구역 12호 주거지 전경
Dwelling No. 12 in the District I-12

Ⅰ-B구역 27호 주거지 내 온돌시설
Underfloor Heating System of Dwelling No. 27

이 지역 일대의 삼국시대 문화상을 규명하는데 매우 중요한 학술적 자료를 제공할 수 있을 것이다.

(집필 : 최철희)

Sammakgok, Yongin

A total of 553 features including 73 dwellings and 370 pit structures dated to the Three Kingdom Period have been excavated at the Sammakgok site in Yongin.

Dwellings of the Baekjae Period are rectangular and square shape in plain figure, and relatively evenly distributed within the whole site area. The fireplace for cooking and heating constructed clay and boulders was identified within dwellings.

In contrast, the square shaped dwelling occupies high percentages in the dwelling of the Silla Period, and there is densely clustered in the south area of this site. The underground heating system made from boulders and flagstones is installed in only the Silla Period dwellings.

These invaluable excavated data could be utilised to investigate regional expansions of early phase of the Baekjae Period (Hanseong Baekjae) and transitional processes from the Baekjae to Silla Period.

토기류
Ceramic Vessels

토기류 Ceramic Vessels

왕실사찰과 관련된
기와 가마터의 발견
Wanghweung Temple

국립부여문화재연구소

이 유적은 부여 왕흥사지의 사역 동편을 조사하는 과정에서 가마터 11기와 플라스크(flask)형 원형 구덩이와 기둥구멍[柱孔] 등 공방시설과 관련된 유구도 일부 확인되었다. 가마터는 발굴조사지역 내 동서 20m, 남북 25m의 좁은 범위 안에 2m 내외로 서로 밀집하여 분포하며, 가마는 지하식으로 조성되어 있다. 가마는 산의 경사면을 따라 남쪽에 아궁이가, 북쪽에 굴뚝이 축조되어 있는 남북방향으로 시설되어 있는데 많은 양의 퇴적토가 쌓여 있어 비교적 가마가 잘 남아 있다.

고려시대 가마인 1호 가마는 소성실의 바닥을 계단식으로 만든 등요(登窯)로 되어 있는데 소성실과 연소실 바닥에서 어골문암키와와 함께 다수의 '왕흥(王興)' 명의 명문와가 출토되어 고려시대에도 왕흥사가 존재하고 있었음을 알 수 있다.

백제시대 가마는 구들식으로 축조된 평요(平窯, 3호 가마)와 소성실 바닥이 비스듬히 경사져 올라가는 등요로 되어 있다.

등요의 가마들은 연소실을 반달형으로 암반층을 파내어 만들었는데, 2호 가마는 측벽의 전면에 석축을 축조하여 만든 구조를 하고 있다.

가마 내부에서 소성실과 연소실로 나누어지는 경계 부분인 불턱은 2가지 형태로 되어 있다. 생토면인 풍화암반을 반듯하게 수직으로

와당류 Roof Tile

2호 가마 Roof Tile Kilin No. 2

5호 가마 Roof Tile Kilin No. 5

6호 가마 Roof Tile Kilin No. 6

3호 가마
Roof Tile Kilin No. 3

3호 가마 소성실 구들 Hypocaust of Roof Tile Kilin No. 1

깎아 만든 것과 아래 부분에 석축을 쌓은 다음 윗부분에 기와를 깔아 마무리한 형태로서 조사된 가마에서 반반씩 나타나고 있다.

확인된 가마들의 소성실 바닥에는 많은 양의 기와편이 산재되어 있으며 그 가운데 3기에서는 소성실 바닥에 일정한 간격으로 시설된 와열이 확인되었다. 와열은 단을 형성하여 조성한 것과 단이 없이 열만 지어서 형성된 형태로 다시 나누어진다.

연기가 빠져나가는 배연구(排煙口)와 굴뚝도 대부분의 가마에서 확인되었는데, 소성실 북쪽 벽면의 풍화암반을 파내어 배연구를 만들고 수직으로 지상까지 깊게 뚫어 만든 굴뚝과 연결하였다. 배연구는 입면의 형태가 반달형과 원형, 사각형 등 다양하게 나타나고 있으며 굴뚝도 평면의 형태가 원형과 사각형의 2가지가 확인되었다.

확인된 가마 중 3호 가마는 다른 가마와는 달리 소성실의 형태가 구들과 같은 형태의 구조로 되어 있으며, 아궁이와 연소실, 굴뚝 또한 다른 형태를 보인다. 가마에는 2개의 아궁이가 나란히 조성되어 있으며, 아궁이를 따라 연소실도 2개로 분리되어 있다. 불길은 구들식으로 조성된 소성실에서 하나로 모아지는데, 4개로 나누어진 고래를 통과하여 소성실 북벽에 조성된 3개의 반달형 배연구를 통해 가마의 북편에 떨어져 조성된 2개의 굴뚝으로 빠져나가는 구조를 하고 있다.

비슷한 구조가 인근의 왕진리 가마터와 일본과 중국의 가마에서도 확인된 바 있다. 하지만 이들 가마의 소성실에는 분염주(分焰柱)라고 하는 허튼고래 형식의 낮은 기둥만을 세워놓은 구조로서 3호 가마처럼 완전한 형태의 구들식 가마가 아니다. 그러므로 3호 가마는 백제시대 가마

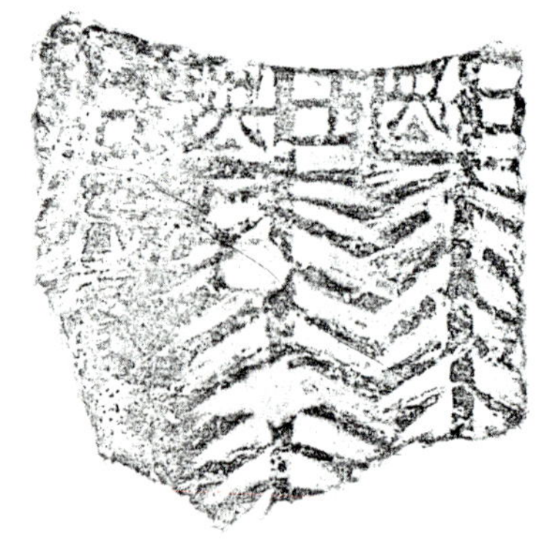

1호 가마 출토 '王興' 명 명문와 탁본
Rubbed Copy of the roof tiles carved the Chinese character, 王興(Wanghwung)
from roof tiles carved the Chinese character, 王興(Wanghwung)

연구의 귀중한 자료로 평가된다.

　이번 발굴조사 지역에서 조사된 가마터의 출현으로 왕흥사에 공급되었던 기와 가마터의 존재가 밝혀지게 되었으며, 향후 왕흥사지의 건물지에서 수습되는 기와들과 비교, 분석을 통하여 보다 구체적인 상관관계를 확인할 수 있는 계기가 마련되었다. 또한 '왕흥(王興)' 명의 명문와가 출토된 고려시대 기와 가마터가 발견됨에 따라 왕흥사가 고려시대에도 존재하였던 사실이 확인되었으며 차후에 가마터의 구조적인 조사가 마무리되면 정암리 가마터와 함께 백제시대 기와 가마터의 특징을 정립할 수 있는 중요한 자료가 될 것으로 보인다.

(집필 : 전창기, 감수 : 이규훈)

기와류 Roof Tile

Wanghwung Temple

　Whilst investigation was conducting in the eastern part of Wanghung temple, 11 roof tile kilns, features of workshop including flask shaped pit structures and the remains of post hole were identified. Roof tile kilns were densely clustered within the narrow district.　Unearthed artefacts indicate that most roof tile kilns was dated to the Baekjae Period besides a kiln of Goryo Dynasty. The fact that a number of roof tiles carved the Chinese character, 王興(Wanghwung) appears in a kiln of Goryo Period turns out Wanghweng temple were continuing to existence until the Goryo Dynasty.

　The findings from this survey inform the existence of the workshop providing roof tiles to Wanghwung temple. More accurate relationship between temple and workshop will be elucidated by means of the analysis to roof tiles discovered in the building features of Wanghwung temple.

70년 만에 다시 찾은
백제 사찰의 정수
The Gunsuri Temple, Buyeo

국립부여문화재연구소

이 유적은 백제의 옛 고도(A.D. 538~660) 부여(扶餘)에 조성된 백제 사찰로, 일제강점기에 간략한 조사를 통해 목탑·금당·강당이 남북선상으로 배치된 가람구조임이 밝혀졌고, 금동미륵보살입상 등 불상 2점이 수습된 바 있다. 그러나 소략한 조사개요만이 남겨져서 정확한 도면자료 및 유구현상에 대해서는 알 수 없는 상황이었으나, 다행이도 2005년부터 본 연구소에 연차조사를 실시하고 있다. 이 유적은 사비도성 내 남서편에 위치하고 북편으로 부소산성(扶蘇山城, 사적 제5호), 동북편으로 금성산(金城山), 동편으로 부여 궁남지유적(宮南池, 사적 제135호)이 조망되며, 서편과 남편 가까이에 백마강(白馬江)이 유적을 감싸 흐르고 있다.

군수리사지 와적기단 전경 Constructing Method of Roof Tile Streobate at the Gunsuri Temple Site

70년만에 재개된 이번 조사는 금당지와 목탑지를 중심으로 이루어졌다. 금당지는 목탑지로부터 8.9m 간격을 두고 북편에 위치하며, 동서 27.27m ×남북 20.20m의 규모로 조성되었다. 기와로 만든 기단(基壇)은 합장(合掌式 瓦積基壇)되거나 수직(垂直橫列式 瓦積基壇)으로 세워져 구축되었다. 내부 기둥받침은 방형 초석(56×56㎝)이 사용되었으며, 계단지는 남·북 변기단에 각 1개, 서변기단에 1개 등 3개소가 있다.

위와 같은 합장식 와적기단은 지금까지 일본 숭복사(崇福寺) 미륵당 동방기단에서 조사된 "八"자형으로 쌓아 만든 형식이 알려져 왔으나, 이번 조사를 통해 "W"자형으로 구축된 축조기법이 새롭게 밝혀졌다. 한편 와적기단(瓦積基壇)은 6~7세기 부여 및 익산 지역 건물축조에 자주 사용되는 기단축조기법으로, 축조상태에 따라 평적식(平積式)·합장식·수직횡렬식으로 구분되는데 군수리사지에서 세 형식이 모두 적용되었다.

목탑지는 금당지와 폭 50㎝ 정도의 통로로 연결되어 있는데 한 변 길이가 14.14m의 규모로 조성되었다. 기단은 전돌을 가로로 세워 박아 사방으로 돌린 전적기단 축조기법으로 구축되었다. 금당지와는 달리 기둥은 굴립주(掘立柱)로 조사되었고, 계단지는 남·북변에 각 1개씩 자리잡고 있다. 복탑지 정중앙에는 현 시표면에서 약 2m 아래에 심초석(한 변

목탑지 및 금당지
Foundation of Wooden Pagoda
& Foundation of Main Hall

0.94m(상단), 최대 1.38m(하단) 두께 0.38~0.45m)이 안치되었는데, 상방하원(上方下圓) 형태로 제작하여 상면에 약 5cm의 단을 두었다. 심초석은 사리공이 없는 무공형(無孔型)이며 지하식 심초로 구축되었다. 주변에서 사리장치 및 별다른 유물은 출토되지 않았다. 고대 목탑지 심초석은 안치 위치에 따라 크게 지하식 심초와 지상식 심초로 구분되는데, 시간의 흐름에 따라 전자에서 후자로 변화된다. 우리나라에서는 능산리사지(A.D. 567)가 전자에, 황룡사지(A.D. 645)가 후자에, 일본에서는 비조사(飛鳥寺)·법륭사(法隆寺) 등이 전자에 해당된다.

한편 지하의 심초석 서측이 지상과 연결되도록 조성된 세장방형의 계단식 경사로(斜道, 동서 4.74m×남북 1.80m)가 한국 고대 목탑지에서 처음으로 조사되었다. 이 시설은 심초석을 지상에서 지하 약 3m 깊이까지 반입하며 안치하는 작업공간으로 이용되고, 심주(心柱)를 세우기 위한 지지대로서 사용된 것으로 판단된다. 이러한 경사로는 나정(蘿井, 사적 제245호)유적과 일본 비조사에서 확인되었는데, 비조사의 경우 심초석 동측부와 연결되어 완만하게 경사지도록 구축된 점에서 군수리사지와는 차이를 보인다.

이번 조사를 통해 금당지 및 목탑지의 정확한 위치와 규모를 파악하였으며, 실측 도면자료의 확보와 연화문수막새 등의 중요 유물자료를 수습하였다. 또한 백제시대의 목탑지 및 금당지 축조기법에 대한 신자료를 확보하는 계기가 되었으며, 목탑지에서 경사로의 확인과 심초석 하부에 대한 조사가 이루어져 심초석 안치 및 심주 세우기 과정을 부분적으로 복원할 수 있는 계기가 되었다.

(집필 : 정자영, 감수 : 이규훈)

심초석 Foundation Stone

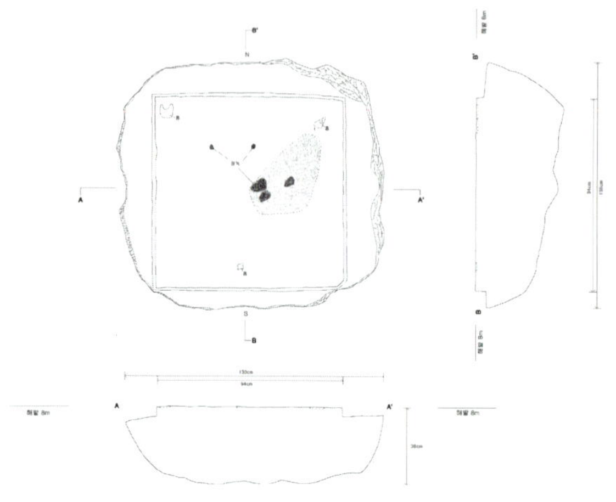

군수리사지 심초석 도면 Sketch Plan of Foundation Stone

The Gunsuri Temple, Buyeo

석조여래좌상(1936년 출토)
Buddhist Statue (Excavated in 1936)

구슬류 Beads

This is a temple site constructed in Buyeo where the capital of Baekjae Kingdom (538-660 AD). A brief survey was carried out in the Period under the Japanese imperialism (1910-1945), and a full-scale academic investigation has been conducted by the Buyeo National Research Institute of Cultural Heritage since 2005. In 2006, A remain of main hall and foundation of wooden stupa was intensively surveyed. A remain of main hall is 27.27 metres in E-W and 20.20 metres in S-N. It is a rectangular shaped structure located in the northern part of the foundation of wooden stupa that constitutes the square shaped stone foundation of pillar laid on the ground, the streobate constructed in roof tiles and three stairways arranged in the centre of the northward, southward and westward respectively.

A remain of wooden stupa (14.14m) is the square shaped building structure consists of pits for electing pillar and streobates made in bricks. Stairway is located in the centre of the northward and southward respectively. Besides, in the westward of stone foundation of pillar paced on the centre of the wooden stupa, a stairway type slope way linking between surface and basement was discovered.

This survey therefore provides information to the accurate place of main hall and wooden stupa of the Gunsuri Temple; and corroborative resources to the constructing method of wooden stupa in the ancient Korea.

삼국의 전략적 요충지인
한강 유역에 위치한 고구려 전초기지
Yongma No.2 Mountain Fortress, Seoul

서울대학교 박물관

서울시와 구리시 경계에 위치한 아차산, 용마산 일원에는 고구려가 5세기 후반에 백제의 한성(지금의 서울)을 점령한 후부터 551년 신라와 백제에 의해 한강 유역을 상실하기 이전까지 사용하였던 군사 요새인 보루(堡壘) 20여 개소가 집중분포하고 있다. 이 고구려 보루들은 그 역사적 중요성으로 인해 2004년도에 사적 제455호로 지정, 관리되고 있다.

이번 조사에서는 일부 성벽과 방어시설, 치(雉), 온돌을 갖춘 건물지 3기와 저수시설 2기, 저장시설과 창고시설 및 부속시설, 그리고 용도미

유적 원경
View of Mt. Yongma No.2 Mountain Fortress

동북쪽 방어시설 원경
Defensive Establishment
on the Northeastern Area

상의 수혈유구와 함께 출입시설 및 통로 등이 확인되었다.

용마산 2보루는 다른 고구려보루들과 마찬가지로 봉우리를 둘러싸고 외곽에 석축 성벽을 쌓은 후 내부에 건물 등의 시설물을 축조한 기본 구조를 갖추고 있다. 성벽의 총 연장 길이는 약 200m 이상일 것으로 추정된다. 성벽은 지형을 따라 쌓았는데, 경사면을 수평으로 정지하여 기초를 마련한 후에 적당히 다듬어진 석재를 이용하여 정교하게 축조하였다.

2보루로 향하는 3곳의 접근로에는 치를 비롯한 방어시설이 확인되었다. 특히 많은 병력이 쉽게 접근할 수 있는 비교적 평탄한 동북쪽 접근로에는 차단벽과 함께 2차에 걸쳐 축조된 독특한 방어 시설(치와 유사)이 확인되었다. 차단벽은 현재 석축이 3~4단 밖에 남아있지 않으나 원래는 훨씬 높았을 것으로 추정된다. 방어시설은 잔존 성벽의 높이가 약 2m 가량이며, 길이는 장벽의 경우 10m 이상, 단벽은 5m 가량이다. 방어시설 중 1차와 2차 구간이 맞닿은 곳의 바깥면은 마치 성벽이 연결되어 있는 것처럼 보이나, 안쪽은 비어있는 공간으로 만들어져 적들이 쉽게 건너올 수 없도록 축조되었다.

보루 내부에서 확인된 비교적 큰 규모의 1호 건물지는 암반을 깎아 조성하였는데, 자연적인 경사를 극복하고자 남쪽 부분은 석축을 하여 수평

동북쪽 방어시설 전경
Defensive Establishment
on the Northeastern Area

을 맞추었다. 1호 건물지 옆에는 건물지라고 보기에는 규모가 작은 부속시설이 출입시설을 사이에 두고 만들어져 있다. 한편 2호 건물지에는 방어시설을 축조하며 생겨난 뒷채움 흙에 가로로 나무 판자를 대어 벽체를 조성하였던 흔적이 잘 남아 있었다. 2호 건물지로 향하는 통로는 불다짐을 하여 바닥을 단단하게 만들었고, 그 출입시설에는 불에 탄 나무 사다리의 흔적이 잘 남아있다.

한편 3호 건물지와 창고 시설은 유적의 정상부가 아닌 경사면 아래쪽에서 발견되었다. 건물지는 경사면을 깎고 석축시설을 하여 벽체를 조성하였으며, 바닥은 평탄화 작업을 하였다. 온돌은 일자형이며, 굴뚝은 벽체 바깥쪽에 설치하여 건물지 외부로 연기가 배출될 수 있도록 만들었다. 창고시설은 자연 암반을 깎고 간단한 석축을 하여 공간을 확보하였으며, 내부에서 다량의 토기가 출토된 점으로 미루어 저장 행위가 이루어졌을 것으로 추정하였다.

출토 유물은 토기와 철기가 주를 이룬다. 토기는 제작기법이나 형태상에서 6세기 고구려 토기의 전형적인 특징을 보이는 호·옹, 장동호, 동이, 시루 등이 주를 이루며, 이 밖에도 연통, 귀잔 등도 출토된다. 이 밖에도 자리를 짤 때 사용한 것으로 보이는 고드랫돌 10여 점이 출토되었다. 철기의 경우에는 창, 도끼, 화살촉, 갑옷편 등의 무기류가 가장 많다.

(집필 : 양시은)

Yongma No.2 Mountain Fortress, Seoul

The Mt Yongma No.2 Fortress site, in Seoul, is a mountain defence occupied by Goguryo from the late 5th-mid 6th AD. The layout of fortification wall laid by boulders which encloses the outside of mountain peak is determined by the natural features. A number of defending structures, such as fence (Chi) was constructed in approaching routes to fortress. In the inside of fortress, two water storages, one storage room, one pit structure being unknown its usage and two building structures with attached features installing an underfloor heating system have been identified. Artefacts are mainly composed of potteries and iron implements; that have been unearthed around an underfloor heating system.

출토 유물 Artefacts

한강 이남에서 확인된
최초의 고구려 성책(城柵) 유적

Namseonggol Wooden Fence Site, Cheongwon

중원문화재연구원

이 유적은 해발 106m를 정상으로 하는 구릉성 산지에 위치하고 있으며, 그 주변으로는 삼국시대의 산성들이 다수 분포하고 있어 예부터 전략적으로 중요한 지역이었음을 알 수 있다. 이 유적은 2001~2002년에 1차 발굴조사가 이루어진 바 있으며, 이번 조사는 도로부지에 편입되는 지역에 대한 추가 조사이다.

D-Ⅰ구역 2호 구들유구
Hypocaust No. 2 in the District D-Ⅰ

내외측 목책열 Lines of Wooden Fences

1차 발굴조사 결과 남성골 유적은 내곽과 외곽으로 이루어진 5세기 후반대의 고구려 성책유적으로 알려졌으며 생활, 생산, 저장과 관련된 시설이 확인되었다.

2차 발굴조사에서도 1차 조사 때와 같이 유적의 외연을 따라 시설된 2중의 목책과 그 안쪽의 원형 수혈 43기, 구들유구 3기, 목곽고(木槨庫) 1기 등이 확인되었다.

목책열은 내측 목책열과 외측 목책열이 2m가량의 너비를 두고 정연하게 연결되고 있으며, 목책열은 장방형과 타원형의 형태를 띠고 있다. 내측 목책열은 바깥쪽을 깊게, 외측 목책열은 안쪽으로 깊게 굴착한 형태를 보이고 있으며, 특히 외측 목책열은 기둥 바깥을 따라 너비 0.2m 내외의 할석을 황갈색 점토로 메워 쌓은 석렬이 확인되고 있다.

원형의 수혈구덩이들은 대부분 내측 목주열의 안쪽으로 2m 성노의 산격을 가지고 열을 지어 존재하고 있는 것이 특징이다. 또한 대부분 단면형태는 원뿔 형태로 바닥에 유기물층이 확인되고 있다.

금제 귀걸이 Gold Earring

새모양 토제품 Bird-shaped Terra-cotta

목곽고는 기반암풍화토를 1.3~1m가량 굴착하여 조성되었으며, 벽에서 0.3m가량 간격을 두고 두께 5㎝정도의 목재를 3.4~3.7m 크기의 방형으로 짜 맞추었다. 방형의 네 모서리와 사면의 중간 부분에 두께 0.2m가량의 기둥을 세운 것이 확인되었다. 또한 목재를 짜넣은 후 암회갈색의 사질점토층과 황갈색의 사질점토층을 차례로 판축하여 올렸다. 목곽고에서는 마연된 흑색의 니질(泥質) 반(盤)과 완, 회갈색의 완, 보주형의 꼭지가 달린 뚜껑이 출토되어 고구려의 저장공임을 알 수 있다.

이번 조사에서 출토된 유물은 고구려계 금귀걸이[太環耳飾], 철제 재갈(鐵製鑣轡), 쇠화살촉[鐵鏃], 살포, 새모양 토제품, 원반형 토제품 등 고구려계 유물이 주를 이루며, 일부 백제 토기가 보이고 있다. 특히 금귀걸이는 평양시 대성구역 안학동 출토품과 충북 청원군 강외면 상봉리 출토품(국립청주박물관 소장)과 거의 동일한 형태를 보이고 있어 주목되고 있다.

남성골 유적은 금강유역에서 최초로 발견된 고구려 성책유적으로, 이번 조사를 통해 성의 외곽을 따라 2중의 목책열이 존재함을 새롭게 밝힐 수 있었다. 또한 고구려계 금귀걸이와 철제 재갈은 고구려계 유물로 남성골유적이 금강유역에서 고구려가 상당한 세력을 가지고 머물렀던 고구려 성책유적임을 확인시켜 주는 것이라 할 수 있다.

(집필 : 한선경)

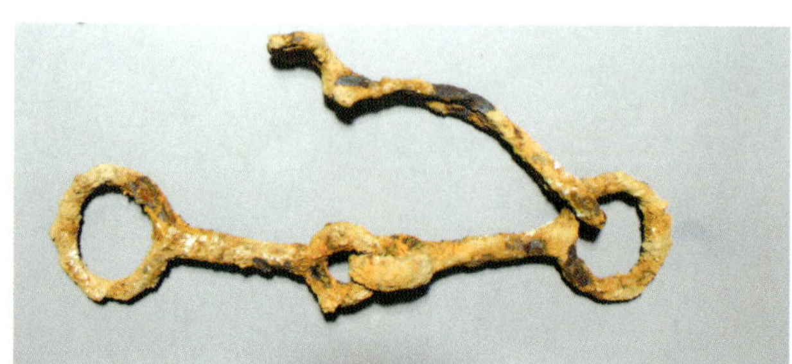

철제 재갈 Iron Bit

Namseonggol Wooden Fence Site, Cheongwon

This site is the firstly identified fortress of Goguryo Kingdom in the Gum River Basin. In excavation from 2001 to 2002, wooden fence lines and storages were uncovered. In this survey, twofold wooden fence lines alongside of the outside of fortress, one underfloor heating system and one wooden storage pit was found. In addition, Goguryo type gold earrings and iron bits indicate the fact that Goguryo established the powerful force in this area.

나무널 창고(木槨庫) Wooden Storage Pit

처음으로 조사된
삼국시대의 선착장(船着場)
Gwandong, Gimhae

경남고고학연구소

김해 율하지역에 택지개발사업이 이루어지면서 발굴된 유적에서 우리 나라에서는 처음으로 삼국시대의 선착장(船着場)이 확인되었다. 유적이 위치한 곳은 옆에 흐르고 있는 율하천의 범람 또는 옛 김해만의 기수역 환경에 의해 형성된 충적지에 해당된다. 유적에서는 선착장 외에도 그 와 관련된 도로(道路), 삼국시대의 방형 또는 장방형의 지면식건물지(地面式建物址), 우물(井), 수혈(竪穴) 등의 생활유구도 조사되었다.

잔교(棧橋)의 형태로 남아 있는 선착장은 교량(橋梁)을 해안 쪽으로 길

10호 남북도로 유구
Road Structure No. 10

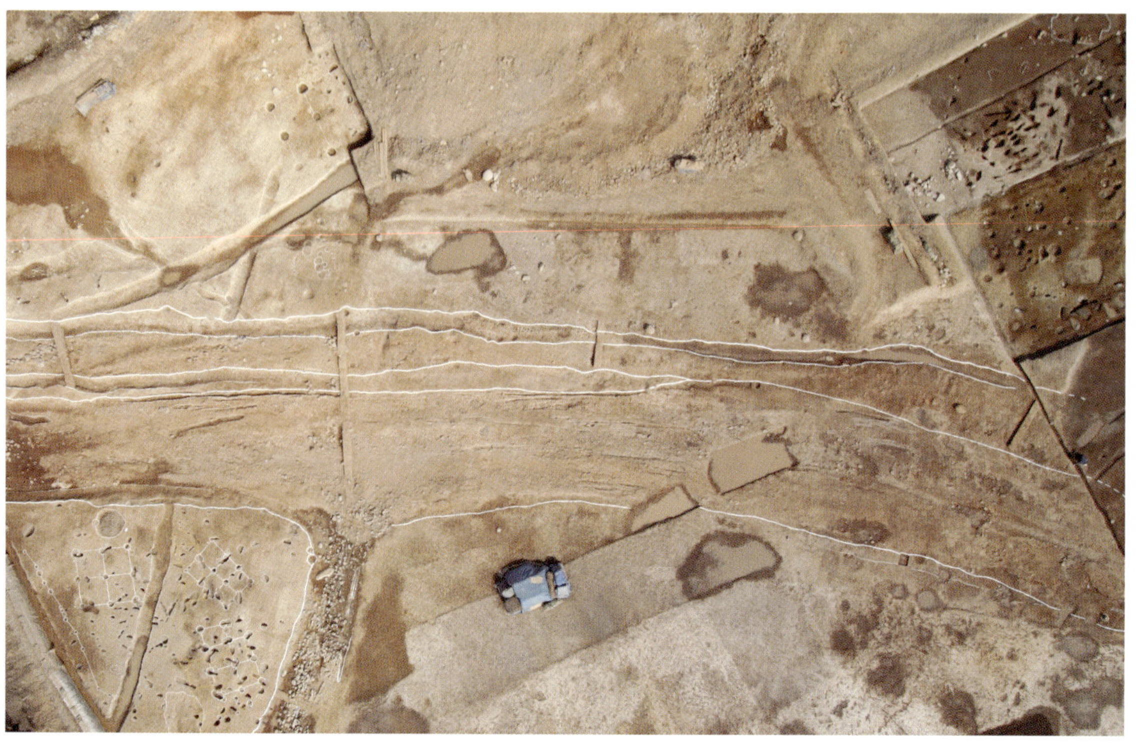

잔교 상판 및 교각 Brigde Boards and Posts

게 설치하고 이와 직교되는 방향으로 호안을 구축하여 평면 형태가 'T'자형을 이룬다. 이는 배가 정박하기 쉽게 내륙에서 해안 쪽으로 길게 뻗어 나온 정박시설(碇泊施設)을 의도한 것으로 추정된다. 교량은 길이 24m, 너비 2.5m이며, 호안시설은 길이 12m, 폭 3m이다. 교량은 교각(橋脚)을 3열로 박고 그 위에 두께 2cm 정도 되는 판재(板材)를 깔아 상판(上版)으로 이용한 구조이다. 교각 사이에는 보조교각을 박아 견고하게 하였다.

함께 발견된 도로는 선착장으로 향하는 동서도로(270m), 이와 교차하는 남북도로(240m)이다. 도로는 너비가 6~8m로 균일하지 않으며 축조방법도 지형에 따라 달랐다. 지반이 비교적 단단한 황색토인 북쪽은 오목하게 얕은 수혈을 파거나 원지면을 도로로 사용하였다. 지반이 점토로 되어 있는 남쪽은 볼록하게 흙을 쌓은 후 할석(割石)으로 보강하고 작은 자갈을 포장하여 노면(路面)으로 삼았다. 또 지반이 낮은 쪽에는 측구(側溝)와 암거(暗渠)를 설치하여 배수를 용이하게 했다. 도로의 노면에서는 폭 5cm내외의 수레바퀴 자국도 길게 확인되었다.

도로와 선착장에서는 도질토기(陶質土器)와 연질토기(軟質土器) 조각들이 출토되었다. 이를 통해 도로는 5세기 늦은 시기부터 통일기까지 계속 사용된 것으로 판단된다. 한편, 같은 방향으로 진행하는 조선시대의

잔교 교각 세부 Detail of Brigde Posts

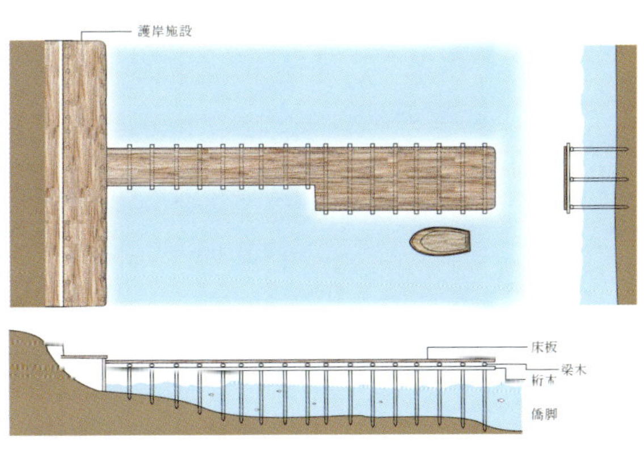

잔교 추정 복원도 Reconstruction of Bridge

도로도 확인되었는데, 이는 이곳이 오랫동안 교통로로 이용되었음을 알려준다. 그리고 잘 정비된 도로망과 선착장시설은 당시 국가나 지방정권이 관리하고 있던 주요 시설이었음을 알려준다.

(집필 : 조현정, 감수 : 김용성)

10호 도로유구 Road Structure No. 10

10호 도로 암거 Culvert of Road Structure No. 10

Gwandong, Gimhae

The excavation of Gwandong site has been carried out due to preparing a housing site in this area. A dock dated to the Three Kingdom Period was uncovered for the first time in the Korean Peninsula. The dock is a T-shaped pear that a long bridge is installed alongside coastline, and a shore protection is constructed as a right angle against bridge. It could be supposed that this arrangement structure was intentionally planed for the easy anchorage of ships. A bridge is 24m in length and 2.5m in width, and a shore protector is 12m in length and 3m in width. Three lines of bridge post support bridge, and wooden plate which thickness is approximately 2cm is adopted as the bridge board. In addition, the subsidiary post is installed in gap between posts for diminishing the load of bridge.

In addition to a dock, a road lying east and west (270m) intersects a road lying south and north (240) was unearthed. The width of road is around 6-8m albeit minimal margins; and the mark of wagon wheel are remained.

가야인의 삶이 그대로 드러난 창원 신방리유적

Shinbangri, Changwon

동아세아문화재연구원

창원 동중학교를 새로 짓기 위해 그 부지를 조사하는 과정에서 5세기를 전후한 가야인의 식생활 및 생활양상을 파악할 수 있는 중요한 유적이 확인되었다. 유적의 주변에 같은 시기에 조성된 다호리고분군이 존재하고 있기에 이 유적과 주변을 그 고분에 묻힌 사람들의 생활공간으로 믿을 수 있게 한다. 유적은 주거구(1구역), 혼토패각층구(2구역), 저습지구(3구역)로 구분되고 그곳의 유구들에서는 각종 공구류(工具類) 및 목기류(木器類), 그리고 동물유체(動物遺體)와 식물유체(植物遺體) 등 십

2구역 유적 원경
Distant Percpective of District 2

게 볼 수 없는 유물들이 출토되었다.

주거구역에서는 소토 및 점토 등을 인위적으로 매립한 후 다시 수혈을 굴착하여 조성한 주거지(住居址) 7기와 수혈(竪穴) 2기, 많은 기둥구멍[柱穴]이 확인되었다. 혼토패각층(混土貝殼層)은 주거지가 아닌 구릉의 상부에서 유물이 폐기되어 매립된 것으로, 동–서 16m, 남–북 20m에 걸쳐 방사선상으로 중층 퇴적되었다. 여기서는 토기편과 동물유체(動物遺體), 패각(貝殼) 등이 다량 출토되었다. 저습지에서는 대형 목주열(木柱列) 2열, 소형 목주열 3열, 고상식건물지(高床式建物址) 3동, 지상식건물지(地上式建物址) 2동, 수로(水路) 1기, 저장구덩이(貯藏穴) 1기 등 다양한 유구가 시기를 달리하면서 중복된 상태로 확인되었다. 이 중 대형 목주열은 39개의 목주가 총 연장 37m 가량 조사되었는데, 수종(樹種)은 버드나무·밤나무 계통이며, 기둥(木柱) 간의 간격은 1~1.1m 정도의 등간격이다. 소형 목주열의 수종은 상수리나무, 밤나무, 버드나무 등으로 밝혀져 당시의 환경이 현재와 크게 다르지 않았음을 유추할 수 있게 한다. 이외 주목되는 것이 1호와 2호 고상건물지로, 1호는 4×1칸의 장방형이며 동서 방향이 약 6.7m, 남북 방향이 1.6m 가량 된다. 2호는 창고의 기능을 가진 건물로 추정되며, 2×2칸의 방형으로 규모는 동서 2.3m, 남북 2.2m 가량이다. 저장구덩이에서는 씨앗류(種子類)가 들어 있는 회청색경질의 대형호가 1점 출토되어 종

나무기둥열 배치 상태 및 나무기둥 단면 Layout of Pillar Holes and Section of Wooden Pillar

3구역(저습지)
District 3 (Swampy Place)

저습지 출토 타날판
Paddling Plate from Swampy Place

자를 부양 또는 보관하기 위한 시설로 추정할 수 있다.

유적에서 출토된 유물 가운데는 5세기 중·후반대의 창녕계, 함안계, 김해계, 대가야계 등의 다양한 양식의 토기들이 출토되어 이 지역집단들이 광범위한 지역과 교류하고 있었음을 알려준다. 무엇보다도 이 유적에서 조사된 각종 유구와 유물이 당시 이곳 사람들의 생활환경, 특히 낙동강 범람원을 따라 형성된 고대인의 주거환경 및 식생활에 관련된 일련의 고고학적 자료라는 점에서 중요하다.

(집필 : 조상훈, 감수 : 김용성)

Shinbangri, Changwon

The Shinbongri Site, in Changwon is an important site that informs the diet and mode of life of the Gaya people in around the 5th AD. It could be postulated that this site was a living area of the people interred in Taholi tumuli located in near this place because both sites were constructed in the almost same time. The site constitutes the residence area (District 1), shell mound area (District 2) and swamp area (District 3). A variety of implements, wooden matcrials, faunal and floral remains and seeds have been uncovered with archaeological features including dwellings, building structures and storage pits.

It might be known that local polities of Gaya formed the extensive network in that numerous pottery types constituting Changryeong, Haman, Kimhae and Dae(great) Gaya styles have been excavated. Moreover, various kinds of artefacts and features provide the crucial data to reconstruct the living environment of the Gaya people, specifically, the living condition and diet of life formed alongside with the floodplain area of the Nakdong River Basin.

동물 유체
Fauna

출토 유물 Artefacts

신라 최대의 지방계획도로

Bongmudong, Daegu

영남문화재연구원

고대의 읍락이 위치했던 대구의 동부, 해안지역에서 고대의 지방계획도로(地方計劃道路)와 생활 및 매장유구가 함께 한 복합유적이 조사되었다. 유적의 주변에는 이 지역의 지배집단 고분으로 추정되는 대구 불로동고분군(不老洞古墳群)이 근거리에 위치하고, 유적의 옆에는 봉무동고분군(鳳舞洞古墳群)이 분포하여 이곳이 이들과 관련된 생활유적이었음을 알려준다. 유적에서는 도로(道路), 그와 관련된 바퀴자국, 목탄가마[木炭窯], 수혈(竪穴), 지상식건물지(地上式建物址), 구상유구(溝狀遺構), 돌방무덤

유적 원경
Distant Perspective
of the Bongmudong Site

도로유구 세부
View of Road Structure

[石室墓], 돌덧널무덤[石槨墓], 습지(濕地) 등 다양한 종류가 확인되었는데, 이는 일정한 구역에 배치된 특징이 있다. 유적의 동쪽 능선 사면에는 기왕에 알려진 봉무동고분군과 연결되는 고분(古墳)이 축조되었고, 이와 약간 떨어진 서편에는 수혈, 구상유구, 지상식건물지, 목탄가마 등이 조성되었으며, 더 서쪽에서 도로와 바퀴자국 등이 중첩되어 있는 것이 그것이다.

유구 가운데 가장 주목되는 것이 삼국시대에 축조되어 고려시대 이후까지 사용된 도로이다. 도로는 신라 왕경의 도로를 제외하고 지방에서 조사된 것 가운데는 최대 규모로 길이 143m, 너비 3~5.2m이다. 북동–남서 방향으로 진행하는 직선도로이며 바닥에는 0.15~0.4m 내외의 천석(川石)과 할석(割石)이 1~2단 정도 깔려 있다. 지속적인 사용으로 인하여 유실되는 부분은 보강하였는데, 이때는 일차적으로 5cm 내외의 자갈을 덮어 노면(路面)을 편평하게 다져 사용하였다. 또한 고려 이후에는 황갈색사질토를 깔아서 도로의 경도를 강화시켰다. 도로면에서는 수레의 하중으로 생긴 여러 조의 바퀴자국이 확인된다. 특히 1호 도로는 도로 위층(고려이후)인 퇴적된 회황갈색점토층 상면에서도 아래의 도로와 나란한 방향의 바퀴자국이 나타나 지속적인 사용을 알려준다.

또 하나 특징적인 유구가 목탄가마로서, 이를 덮고 있던 퇴적층에서 봉무동고분군에서 출토된 유물과 형식이 유사한 유물이 출토되어 그 하한을 6세기말로 볼 수 있게 한다. 이것은 신라 왕경지역과 마찬가지로 지방의 세력들이 이때 이미 목탄을 생산하였으며 이를 보편적으로 사용하였음을 알려준다.

유적에서 조사된 유구와 유물을 통해 이 지역이 삼국시대 이전부터 조선시대에 이르기까지 지속적으로 유지되었음을 알 수 있다. 아울러 유적 내의 유구배치 상태는 당시의 사람들이 그들이 살던 공간을 어떻게 구분하여 사용하였는가를 살펴볼 수 있게 한다.

(집필 : 박현민, 감수 : 김용성)

Bongmudong, Daegu

This site is a complex site continuously occupied from the Three-Kingdom Period to Goryo Dynasty. Features is composed of roads, marks of wheel, charcoal kilns, building structures, ditch shaped structures, stone chamber tombs, stone lined tombs and swamps. Graves are distributed in the eastern hillside of site, building structures, ditch shaped structures and charcoal kilns are westwardly placed from tumuli as a short distance, and roads and marks of wheel are positioned the most western part of site. Roads of the Bongmudong site are one of the largest scale, besides those type of site investigated in the Wanggyeong site, Gyeongju, direct from northeast to southwest. These roads were firstly constructed in the Three-Kingdom Period, and then had been continuously utilised until Goryo Dynasty. In addition, the investigated features and artefacts show the pattern of living space of the residences occupying in this site.

토기류 Ceramic Vessels

봉토분 축조 공정이 확인된 유적

The Tumuli of Jukgokri, Dalseong

경상북도문화재연구원

삼국시대 대구지역에 존재했던 것으로 믿어지는 4개의 읍락 가운데 하나인 다사지(多斯只)의 대형고분이 공동주택의 건설로 인해 발굴조사되었다. 조사된 고분군은 기왕에 알려진 죽곡리고분군의 일부로, 더 북쪽에 자리한 문산리고분군과 함께 이 지역 읍락집단의 지배자무덤으로 추정되는 것이다. 조사에서는 삼국시대 대형봉토분(大形封土墳) 2기(1호분과 2호분)와 함께 봉분이 남아있지 않은 돌덧널무덤[石槨墓] 9기, 독무

1호분 Tomb No. 1

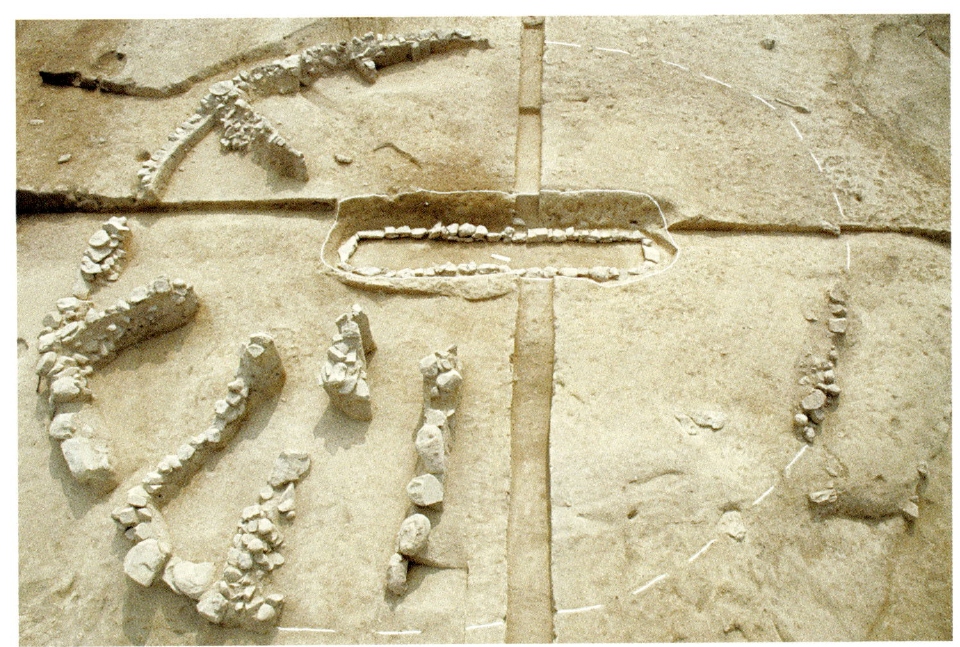

1호분 해체 후 모습
Tomb No. 1 after Investigation

덤[甕棺墓] 1기, 시대불명의 움무덤[土壙墓] 5기 등 모두 17기의 고분이 확인되었고, 여기에서 토기류 254건 390점, 금속류 119건 130점 등 총 363건 520여 점의 유물이 출토되었다. 고분 가운데 주목되는 것이 2기의 봉토분으로, 봉토를 축조하는 과정을 선명하게 보여준다.

봉토분 1호는 조사지의 북쪽부에 위치하며 봉분 규모 11.5~12m의 원형분이다. 단곽식(單槨式)의 봉토분으로 돌덧널[石槨]은 경사가 급한 구지형을 이용하여 거의 지상식에 가깝게 축조하였다. 봉분의 기저부에서는 호석(護石)과 주구(周溝)가 부분적으로 확인되었다. 호석은 전체적으로 1~3단 정도 쌓은 것이 확인되고 있으나 원래는 최대 5단 정도 쌓은 것으로 보인다. 이 고분의 봉토조사에서는 봉토를 분담하여 쌓은 흔적인 이질토(異質土)와 구획석렬(區劃石列), 구획점토(區劃粘土) 등의 구획요소가 확인되었다. 덧널 내의 양단벽과 중앙부에서 토기류와 금속류를 포함하여 총 75점이 출토되었다. 토기류 가운데는 유개장경호가 얹힌 발형기대, 단경호가 얹힌 통형기대를 포함하여 대구의 지역양식을 잘 반영하고 있는 유개삼이부호 외에 유개고배, 대부소호가 출토되었다.

봉토분 2호는 1호분에서 남쪽으로 75m 정도 떨어져 해발 53~55m 지점에 축조된 것으로, 봉분 규모가 직경 14m인 원형분이다. 봉분 내에는

2호분 전경 Tomb No. 2

칼손잡이 장식 Sword Handle

으뜸덧널[主槨]과 딸린덧널[副槨]이 각각 돌덧널로 축조되어 있었다. 돌덧널은 봉분의 한 가운데에 으뜸덧널을 설치하고 그 동쪽으로 2m 지점에 딸린덧널을 나란하게 배치한 것이며 모두 지상식이다. 봉토조사 과정에서 봉분의 정점에서는 표지석(標識石)이, 뚜껑돌[蓋石] 위에서는 밀봉토(密封土)와 밀봉석(密封石)이 확인되었다. 이 부분의 봉토에서는 구획석렬이 5열 확인되었다. 고분은 으뜸덧널을 중심으로 경사가 심한 동쪽부에만 반원상의 안호석(內護石)을 돌리고, 여기에 덧붙여 딸린덧널을 축조하면서 다시 반원상의 호석을 2중으로 돌려 쌓았는데, 그 상부의 봉토에서는 6열의 구획 석렬이 확인되었다. 호석은 1~2단 높이로 남아있으며 주구 등의 시설은 확인되지 않았다.

으뜸덧널에서는 발형기대 및 통형기대 등의 토기류 100여 점, 행엽(杏葉) 등의 마구류와 철창[鐵矛] 등의 무기류 등 60여 점의 금속유물이 출토되었고, 딸린덧널에서는 100여 점의 토기류가 출토되었다. 조사된 고분은 출토유물로 보아 5세기로 편년지을 수 있다.

(집필 : 김동숙, 감수 : 김용성)

The Tumuli of Jukgokri, Dalseong

In the Jukokri site, Dalseong, a total of 17 graves comprising two mounded tombs (Tomb No1 and 2), nine stone lined tombs and one jar coffin tomb dated to the Three Kingdom Period and five pit burials being impossible to estimate the exact Period of construction were discovered.

Two mounded tombs uncovered in this survey contain important materials for understanding the constructing method of the Silla mounded tomb. The whole area of mound is surrounded by the demarcating stone line and clay, and subsidiary coffin is enclosed by a double-stone line. This site was constructed in the late 5thAD. Potteries were manufactured by the typical regional style of this area; thus it will offer important information to study the controlling way to local power groups of Shlla Kingdom.

2호분 출토 마구류 Horse Equipments from Tomb No. 2

토기류 Ceramic Vessels

한강유역 진출의 기착지에
축조된 신라 무덤

Shinhyeonri, Mungyeong

중원문화재연구원

2005년과 2006년 두 차례에 걸쳐 조사된 고분군에서는 삼국시대 신라의 앞트기식돌방무덤[橫口式石室墓]과 구덩식돌덧널무덤[竪穴式石槨墓]을 묘제로 취한 64기의 고분이 확인되었다.

무덤들 가운데 구덩식돌덧널인 2005년 1호는 한 쪽의 벽석(壁石)을 안으로 들여쌓아 평면 凸자형으로 내부 공간을 구획한 특징적인 것으로, 백

고모산성과 신현리고분군 전경
Distant Perspective of the
Shinhyeonri Site and the Gomo Mt. Fortress

제의 고분인 경기도 화성의 백곡리(白谷里) 5호와 유사하여 주목된다. 2005년 2호는 중심 무덤이 앞트기식돌방이고, 그 묘역 내에는 3기의 구덩식돌덧널이 순차적으로 축조되어 배열되었음이 확인되었다. 2006년에 조사된 1호 돌방[石室]은 동쪽 부위에 벽감(壁龕)형태의 시설을 설치한 특징이 있다. 이 시설 입구의 무덤길[墓道]로 조성된 것이 아닌가 한다. 한편 2006년도 조사구역에서는 천석(川石)을 사용해 세장방형으로 무덤을 축조한 동쪽부분의 무덤들과 할석(割石)을 사용하여 장방형으로 구축한 서쪽부분의 무덤들이 구분되는 양상을 보여 주목되었다. 고분군에서는 고배, 대부장경호, 장경호 등의 다양한 신라토기류와 함께 금동귀걸이[金銅製耳飾], 은장(銀粧) 마구류가 출토되었다.

2차 조사지역 동쪽 전경
The Second Investigated Area

출토된 유물은 이 고분군이 6세기대에 조성된 것을 가리킨다. 이러한 사실과 고분군이 위치한 곳이 영남에서 조령 또는 계립령을 넘기 직전의 장소이고, 주변에 고모산성(姑母山城)이 위치하는 등의 입지여건으로 보아 이 고분군은 신라가 한강유역으로 진출하기 위한 마지막 기착지에 조성된 것으로 볼 수 있다. 따라서 앞으로 신라의 중부지방 진출과정을 연구하는 데에 중요한 자료가 될 것으로 기대된다.

(집필 : 김경호, 감수 : 김용성)

2호분 Tomb No. 2

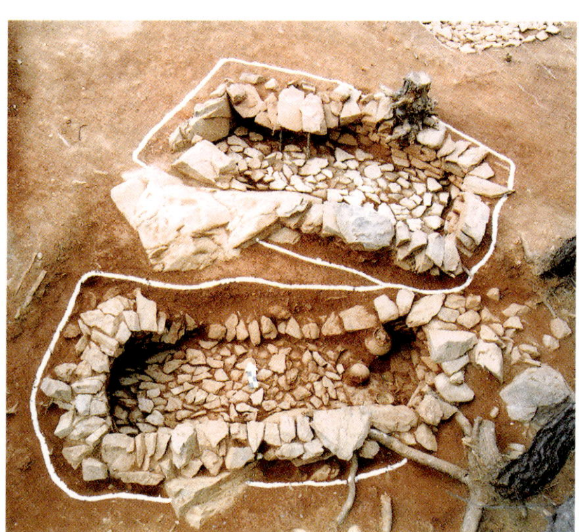

23, 24호 돌덧널무덤 Stone Cist Tomb No. 23 and 24

1호분 Tomb No. 1

6호분 Tomb No. 6

Shinhyeonri, Mungyeong

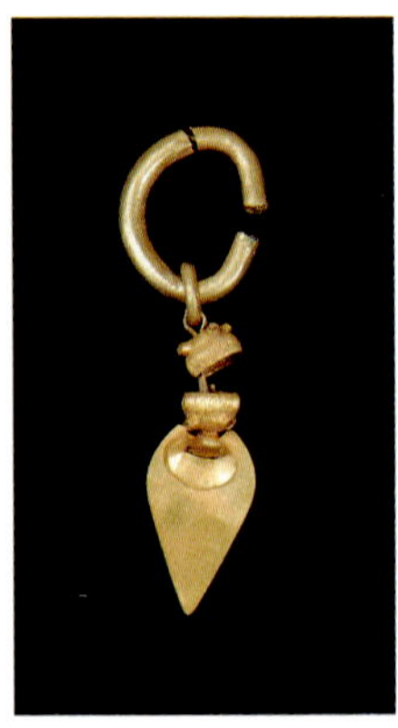

1호 봉토분 출토 귀걸이
Earring from Tomb No. 1

In all, a total of 64 tombs dated to the Silla Period was excavated in the Shinhyeonri site, Mungyeong from 2005 to 2006. Tombs are composed of stone lined tomb and stone chamber tomb accompanying grave goods, such as a number of potteries, gilt bronze earrings and silver horse equipments. The structure of grave and artefacts indicate this site was built in the 6th AD. It could be assumed that this site was constructed in the farthest place from Gyeongju, the capital of Silla where the last stopover to advance into the Han River Basin.

토기류 Ceramic Vessels

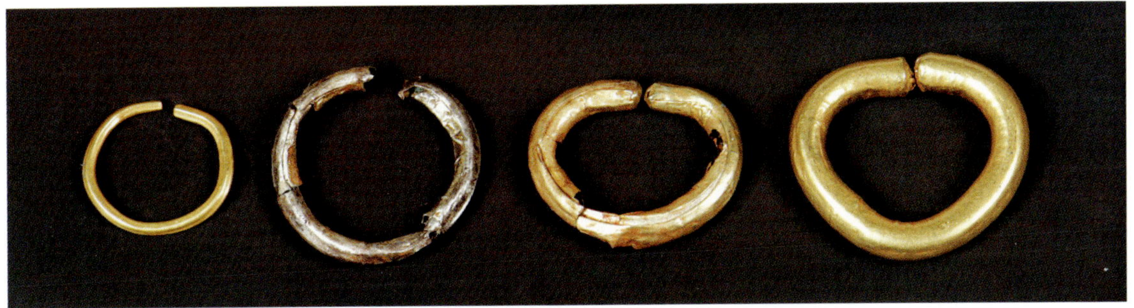

금제 귀걸이 Gold Earrings

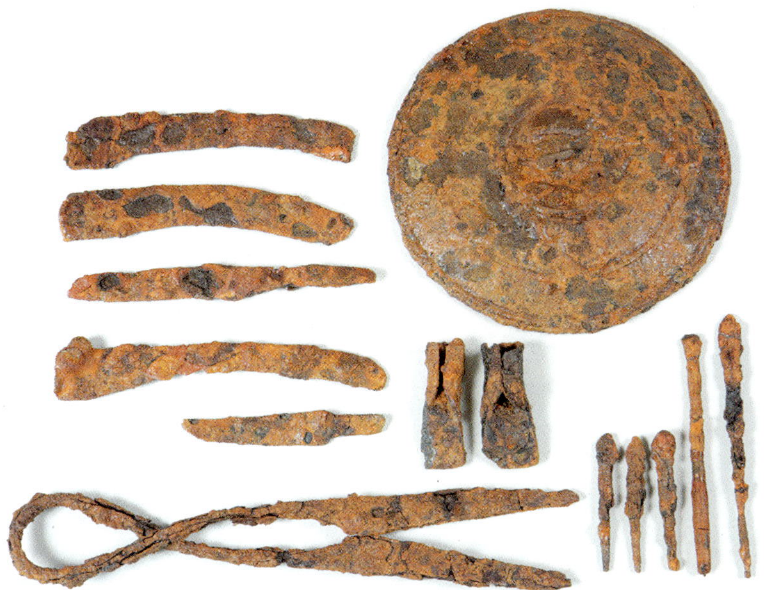

철제 유물
Iron Implements

철제 유물 Iron Implements

국내 최대의 목간 출토 유적

The Seongsan Mountain Fortress, Haman

국립창원문화재연구소

함안 성산산성(사적 제67호)은 가야읍에서 남쪽으로 약 2.5㎞ 떨어진 해발 139m의 조남산에 축조된 삼국시대의 석축산성으로, 둘레는 약 1.4㎞이다. 함안을 중심으로 한 아라가야의 옛 지역에 위치하고 있으며, 주변에 함안 도항리·말산리 고분군(사적 제84·85호) 등 가야의 수장급 대형고분이 인접하고 있어 아라가야의 정치 및 군사적 주요거점으로 추정되어 왔다.

이와 같은 역사적 중요성으로 인해 산성의 구조와 성격을 파악하고자 1991년부터 현재까지 11차에 걸쳐 국립창원문화재연구소에서 학술발굴

조사지역 전경(서쪽에서)
View of the Seongsan Mt. Fortress

목간 집중 출토지점 주변의
동 성벽 평면(①)과 입면(②)
Eastern Fortification Wall
near the Place Excavating
Wooden Tablets

조사를 실시하였으며, 조사결과 6세기 신라와 관련이 있는 산성으로 밝혀졌다. 조사과정에서 남문지와 동문지의 위치 및 형태가 확인되었으며, 내벽의 축조 분기점과 외벽 보강구조물, 동문지 부근의 배수로 등 성벽구조와 관련된 다양한 사실들을 밝힐 수 있었다. 특히 2002년부터 시작된 동문지 안쪽의 저수지 주변에 대한 조사에서는 목간(木簡), 제첨축(題籤軸) 및 다량의 목제유물 등이 확인되어 성벽을 축조하고 활용했던 당시의 생활모습을 이해하는데 중요한 단서를 제공하고 있다.

목간이란 목재를 다듬어 긴 직사각형으로 만든 나무판에 먹글씨를 쓴 것을 말하는데, 종이가 보편화되기 전에는 고대 동아시아 사회에서 가장 일반적으로 사용되었다. 특히 나무는 종이보다 내구성이 좋았기 때문에, 조세의 수송이나 창고 보관과 관련하여 제작된 물품의 꼬리표나 신분을 증명하는 통행증 등 사람의 이동과 관련된 서사재료로 널리 사용되었다. 현재까지 중국에서는 약 25만 점, 일본에서는 약 37만 점의 목간이 출토되었으나, 한국에서 확인된 목간은 400여 점에 불과하다. 그 중 160여 점이 함안 성산산성에서 출토되었는데, 단일유적으로는 최대의 수량이다.

　　목간은 성산산성의 동쪽 성벽 축조구간 안쪽의 일부지점에서 집중 출토되었다. 이 지역은 산성이 위치한 조남산에서 가장 깊은 계곡부에 해당하며 지표수의 유입이 가장 크게 이루어지는 곳이기 때문에, 성벽을 축조하기에 매우 취약하다. 따라서 이와 같은 지형적인 취약점을 보완하기 위해 성벽 축조 이전에 다량의 식물유기물(나뭇가지 · 나무껍질 · 나뭇잎 등)을 계곡의 중심부에 매립하고, 그 상부에 흙을 쌓은 다음 이를 기반으로 성벽을 축조했던 것으로 판단된다.

　　이 과정에서 목간은 매립된 식물유기체와 함께 유입되었으며, 다양한 종류의 목제품 및 토기편 등도 함께 확인된다. 목간과 함께 주목되는 유물로는 나무방망이, 빗자루, 댕기모양의 모발 등이 있다. 빗자루는 요즘에 사용되고 있는 것과 매우 유사한데, 함안 성산산성 축조 당시에 빗자루를 사용할 만한 시설물이 주변에 존재하고 있었음을 시사하고 있다. 댕기모양의 모발은 국내에서 현재까지 확인된 가장 오래된 것으로 현재

목간 집중 출토지점과 아래의 나무 울타리시설
Wooden Fence Structure below the Place Excavating Wooden Tablets

국립문화재연구소에서 분석 중이다. 만약 미토콘드리아 DNA 추출이 가능하다면 모발이 구체적으로 사람의 것인지, 그렇다면 생전에 어떤 질병에 노출되어 있었는지도 알 수 있는 중요한 자료가 된다.

특히 2006년 발굴조사에서는 모든 유물의 출토위치를 CAD 데이터로 기록하였으며, 성벽 등의 시설물은 3차원 레이저 스캔기법으로 디지털도면을 작성하여 향후 진행될 문화재연구정보 디지털화의 기초자료를 구축하였다. 또한 발굴조사와 동시에 『함안 성산산성』발굴조사 유적 홈페이지를 개설하여 그동안 축적된 연구성과를 비롯해 유적의 3차원 시뮬레이션, 목간의 3,800만 화소급 고화질 디지털사진, 발굴조사 동영상 등 발굴조사를 통해 제공할 수 있는 다양한 형태의 자료를 일반 국민에게 서비스하고 있다.

(집필 : 이성준, 감수 : 박종익)

목간 적외선 사진
Infrared Photography
of Wooden Tablets

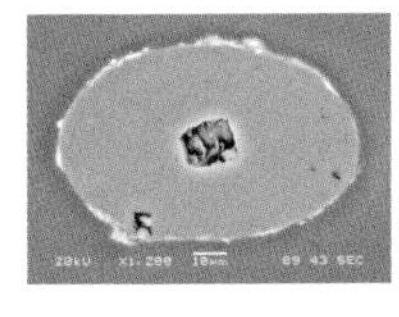

목간 집중 출토지점 출토
댕기모양 모발과 SEM-EDS 분석 사진
Ribbon-shaped Hair and its SEM-EDS Photography

The Seongsan Mountain Fortress, Haman

The Seongsan Mountain Fortress is situated on the Mt. Jonam (129 metres high above the sea level) being 2.5km away from the southern coast. The stone wall is 1.4km in circumference. A total of 11 times excavations having been carried out since 1991 by Changwon National Research Institute of Cultural Heritage turn out this was a fortress site related with Silla. Avariety of archaeological contexts, such as the location and structure of the south gate and east gate, the erecting date of the inner wall, the structure upholding outer wall and the drainage ditch near the east gate, has been identified. In particular, numerous wooden artefacts including tablets and indexes have been unearthed in the pond placed on the inner part of east gate. These artefacts provide the crucial information to understand the everyday life and administrative system of those times.

목제품 Wooden Implements

통일신라 조형미의 정수

Sacheonwang temple, Gyeongju

국립경주문화재연구소

　사천왕사는 신라가 당과 전쟁을 하던 문무왕 9년(670)과 동왕 10년(671)에 호국의 목적으로 창건된 사찰로, 낭산 구릉 남쪽에 형성된 단구상의 평탄 대지에 위치하고 있다. 사천왕사는 일금당이탑양식(一金堂二塔樣式)의 가람배치가 처음 등장한 곳이다. 발굴조사 전 사천왕사지에는 철로(鐵路) 남쪽으로 추정 동·서 경루지가 있었으며, 그 남쪽으로 금당지와 동·서 목탑지가 있었다. 동·서 목탑지에서 완만하게 경사져 내려오면 머리가 결실된 귀부 2기와 높이 2.4m의 당간지주 1기가 있다.

　발굴조사 결과, 서탑지 기단부의 형태는 가구식전석혼축기단(架構式

녹유사천왕상전
Green Glazed Brick Engraved Sacheonwang

추정복원도
Recoustruction of Green Glazed Brick Engraved Sacheonwang

서익랑지, 서회랑지 전경 View of Western Corridor and Room

서탑지 전경 (남에서) Foundation of the Western Pagoda

塼石混築基壇)으로 장대석의 모서리 부분에 사방 50cm의 얕은 단을 만들었고, 그 중앙부에는 깊이 8cm 정도의 홈을 파서 우주를 놓았다. 장대석의 중간 부분 2개소에 너비 12~19cm 정도의 얕은 장방형의 홈을 파고 그 안에 탱주를 배치하였다. 탱주의 양쪽에는 당초문이 시문된 장방형 전을 쌓아올렸는데, 이 당초문전으로 구획된 공간 안에 녹유사천왕상전을 부착하였다. 서쪽 계단의 북쪽 부분에서도 녹유사천왕상전의 일부가 기단에 부착된 상태로 확인되었고, 기단의 북서쪽 모서리 부분과 중앙 부분 그리고 북쪽기단 계단지의 동쪽에서는 녹유사천왕상전이 당초문전 혹은 무문전과 함께 무너져 내린 모습으로 확인되었다.

사천왕사지 가람배치에 있어서 그동안 익랑에 대한 언급은 없었으나. 이번 발굴조사에서 처음으로 금당에서 서회랑으로 직교되는 정면 9칸, 측면 1칸의 서익랑지가 확인됨으로써 통일신라의 가람배치에 있어서 이 시기부터 익랑의 출현을 짐작할 수 있게 되었다.

회랑지는 현재 일부만 조사되었지만, 서회랑지의 남쪽에서는 남회랑과 연결되는 부분이 확인되었고, 북쪽에서는 북회랑으로 추정되는 유구가 확인되었으므로 전체 사역 규모를 대략적으로 복원할 수 있는 결정적 자료를 파악하게 되었다.

또한 사천왕사지에서는 다양한 문양의 수키와, 암키와, 등면에 '四天王寺'를 찍거나 선각한 명문기와가 다량 출토하였다.

특히 ‘天王寺’, ‘大吉’, ‘四天王寺己巳年重□’, ‘上寺’ 등이 찍히거나 선각
된 명문기와도 출토되었으며, ‘四天王寺己巳年重□’ 명문 기와를 통해 사천
왕사의 중수 사실을 파악할 수 있었다. 한편 서탑 주변에서는 녹유사천왕상
전이라 알려진 녹유벽전이 여러 점 출토되었는데, 왼손에 칼을 잡은 형식, 왼
손에 활을 잡은 형식, 오른손에 칼을 잡은 형식 등 3형식이 확인되었다.

　사천왕사지 1차 발굴조사는 익랑지 확인과 더불어, 일제강점기 발굴조사
에서 출토된 녹유벽전(국립중앙박물관, 국립경주박물관 소장)과 도상으로 연
결될 수 있는 인물의 상반신이 확인되어 전체적인 모습을 복원할 수 있게 되
었다는 점에서 그 의의가 크다. 또한 발굴조사 전 녹유벽전의 정확한 위치에
대해서도 그동안 학계에서 많은 논란이 되어 왔으나, 이번 조사에서 녹유벽
전의 일부 편이 서탑지 서편 계단지 옆 지대석 위에서 당초문전으로 구획된
공간에 제 위치를 가지고 확인되어, 이 녹유벽전이 면석의 개념으로 사용되
었음을 추정할 수 있었다.

(집필 : 최장미, 감수 : 이주헌)

녹유사천왕상전 기단 상태
Green Glazed Brick
Engraved Sacheonwang

Sacheonwang temple, Gyeongju

Sacheonwang temple founded in the early phase of the United Shila Period situated on the southern terrace of the Nang Mountain. The layout of temple constituting one main hall and two stupas that was the typical arrangement style of temple during the United Silla Period has been firstly identified in this temple site.

In this survey, the approximate territory of temple could to be analogised, and particularly, a green glazed brick engraved Sacheonwang (the four heavenly guardians of Buddhism) was uncovered at the initial position. In addition, the western corridor and room on the western side of the main gate, which the foundation stone of pillar remained relatively the original place without disturbances, were discovered. Artefact is mainly composed of roof tiles of the United Silla Period and green grazed bricks engraved Sacheonwang, specifically, many roof tiles carved 四天王寺(Sacheonwang temple) were unearthed.

'四天王寺己巳年重口' 명문와
Roof Tiles carved 四天王寺(Sacheonwang Temple)　　　　수막새 Roof Tile

계속되는 조선 최대의 왕실사찰발굴조사

Hwaeam-temple, Yangju

기전문화재연구원 · 경기도박물관

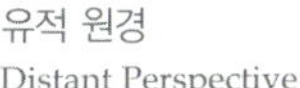

유적 원경
Distant Perspective

려말선초(麗末鮮初) 약 200여 년간 왕실의 후원으로 융성했던 사찰인 양주 회암사지는 1997년부터 연차 발굴이 이루어지고 있는데, 지금까지 60여 개소의 건물지(建物址)를 비롯한 다양한 유구가 확인되어 사찰의 장엄함을 보여준다. 이번 8차 발굴조사는 사역 남쪽의 유물산포지 '나' 지역과 사역내(寺域內) 미조사 구역 중 2 · 3단지 서쪽 지역이 대상이었다.

2 · 3단지 서쪽지역에서는 건물지 4개소를 새로 조사하였고 정료대(庭燎臺), 수조(水槽), 담장지[石墻], 배수시설(配水施設) 등도 확인하였다. 특히 주목되는 유구는 지하석실(地下石室) 형태의 구조를 갖는 3단지 「타」건물지이다. 이것의 규모는 남북 길이 12.8m, 동서 폭 2.2m, 깊이 3.6m 가량이고, 남벽 중앙부에 너비 1m, 높이 1.9m 가량의 출입시설(出入施設)을 두었다. 출입시설에는 따로 문을 내지는 않았던 것으로 추정되며, 안쪽으로 약 0.4m 높이의 턱을 두었다. 출입시설 부근 바닥면에서는 바닥 마루로 사용되었던 것으로 추정되는 탄화(炭化)된 얇은 판재(板材)가 일부 확인되었다. 건물지 내부 토양의 샘플을 채취하여 분석한 결과, 흙 1그램당 흡충류(吸蟲類) 충란(蟲卵) 20여 개, 회충(蛔蟲) 충란

10여 개 가량의 매우 많은 인체(人體) 기생충(寄生蟲) 충란이 검출되었다. 따라서 이 건물지는 화장실(化粧室)로 이용되었을 가능성이 매우 높다. 이외에 3단지 중앙 문지에 대한 보강조사에서 2구의 조상을 올렸던 것으로 보이는 좌대 적심이 조사되어 이 문지가 인왕문지(혹은 금강문지)였던 것으로 확인되었다.

유물산포지 '나' 지역에서는 서쪽에 치우쳐 조성된 연못지[蓮池] 1개소와 남북 중심 축선을 따라 보도석렬(步道石列)로 추정되는 집석유구(集

3단지 문지(추정 인왕문지) 전경
Gate Structure of Building
Structure 타(Ta) in the District 3

3단지 '타' 건물지(추정 화장실) 전경
Building Structure 타(Ta)
Estimated to Toilet in the District 3

石遺構)가 일부 확인되었다. 이 보도석렬은 회암사 존속 당시의 진입 동선으로 추정된다. 보도석렬의 남쪽 끝단에서는 동서방향의 석축(石築)이 일부 확인되었는데, 연못지가 위치한 유물산포지 '나' 지역의 공간을 구획하기 위한 단지 석축으로 여겨진다. 따라서 회암사지는 현재까지 알려진 바대로 8개 단지로 구성된 것이 아니라 모두 9개의 단지로 공간이 구성되었으며, 그 중 외곽 담장을 돌려 건물을 배치한 실질적인 사역 내부는 2~8단지까지의 7개 단지(공간)이다.

유물 중 주목되는 것은 철화백자운룡문호(鐵花白磁龍紋壺)로, 왕실소용(王室所用)의 기명(器皿)이다. 이는 도요지를 제외한 기타 소비지처에서는 그 출토 예를 찾기 힘든 유물이다. 또 3단지 배수로에서 출토된 금동불입상(金銅佛立像)은 높이 6.5㎝의 소형불로, 통주식(通鑄式)으로 주조하여 완성된 기물 위에 아말감도금(또는 수은박도금) 기법으로 도금을 하였다. 의습(衣襲) 표현, 수인(手印) 등은 통일신라(9세기)의 양식이고, 연화대좌(蓮花臺座) 등의 표현은 고려 전기 양식을 보이고 있다. 따라서 고려 전기(10~12세기)에 제작된 불상으로 추정된다. 그 밖에도 기와류 가운데 청기와(靑瓦)와 '황제(皇帝)'명 막새기와 등이 특징적이다.

(집필 : 박종규, 감수 : 김용성)

토제 인물상 Human Figure Terra-cotta

철화백자운룡문호
White Polcerain

보살상 Bodhisattva Statue

보살상 Bodhisattva Statue

보살상 Bodhisattva Statue

3단지 배수로 출토 금동불입상
Gilt Bronze Buddhist Staues from
Dranage Ditch in the District 3

Hwaeam temple, Yangju

The Hwaeam-temple, Yangju, was a remarkably flourished temple in the late Gyoryo and early Chosun Dynasty by the support of the Royal Family. The area of investigation of the 8th excavation was the District Na situated outside the southern territory of temple where artefacts were scattered on the ground, and the District 2 and 3 where survey had not been carried out.

The result of investigation revealed four covered buildings in the west part of District 2 and 3. Besides them, a number of features, such as a structure for purifying water, cisterns, a substructure of stone fence, drainage ditches were discovered. In particular, a building labelled Ta in the Section 3 was supposed to be a toilet. Some parts of a pond and clusters of stone postulated to be a route for entering temple were surveyed.

Despite detecting few differences of artefact style comparing with the previously excavated relics, the uncovering of a gilt bronze Buddhist statue estimated to the early Goryo dynasty style, and a white porcelain jar utilised in the Royal Family were the important artefacts of this survey.

치미 Roof Tile

동종 Bronze Bell

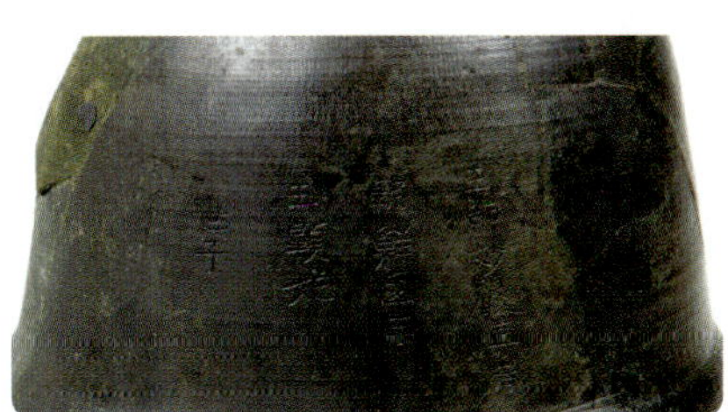

동종 세부 Detail of Bronze Bell

지하철 공사장에서 찾은 임진왜란 첫 전투 현장

The Moat of Dongraeupseong, Busan

경남문화재연구원

부산광역시 동래구 안락동, 명장동, 명륜동, 복산동에 걸쳐 위치하고 있는 동래읍성은 조선 영남대로의 시발점이며, 부산진성으로 연결되어 일본과 이어지는 교통의 출발점이다. 읍성에는 남문을 비롯한 6개의 성문이 설치되었고, 내부에는 객사를 비롯한 각종 건물과 누각이 배치되어 있다. 이 성의 남동쪽 모서리 바깥이 지하철공사로 인해 발굴되었는데, 여기서 조선시대 읍성의 구조를 명확하게 하는 해자(垓字), 그리고 그 양 호안석축(濠岸石築)과 이를 연결하던 가교(架橋)가 조사되었다.

해자는 진행방향이 북동–남서이며 확인된 크기는 동쪽 호안석축이 35m, 서쪽 호안석축이 22m, 잔존 높이는 2∼3.4m, 호안석축 간 폭 460

유적 원경
Distant Perspective
of the Dongraeupseong Site

~540㎝ 정도이고 남쪽으로 갈수록 좁아진다. 해자는 조사구역 바깥으로 계속 진행하여 동래읍성 남문 쪽으로 연결된다. 해자 호안석축은 동쪽에서 서쪽으로 경사를 이루는 자연암반을 'L'자 형태로 굴착하고 암갈색 사질점토를 다진 뒤, 0.2~0.5×0.2~0.5㎝ 정도의 (장)방형 및 부정형 할석(割石)을 이용하여 허튼쌓기를 하였고, 호안석축 내부는 사질점토를 이용하여 다졌다. 또 호안석축 바깥으로는 암갈색사질점토를 2층으로 50㎝ 정도 다져 하부를 보강하였다. 호안석축 내부의 토층은 4~6차례의 수축이 이루어졌으며, 해자 내부에 가교가 설치되는 4차 수축 이전 시기까지 해자로 사용하였음을 알 수 있다. 특히 3차 수축 호안석축 내부에서 15세기 후반에 제작된 분청사기(粉靑沙器)가 출토되어, 3차 수축이 15세기 후반 이후에 이루어졌음을 알 수 있다. 특히 호안석축 다짐층 상부와 중간위의 토층에서 최소 10개체 이상의 사람뼈 및 짐승뼈, 그리고 대도 4자루와 화살촉[鐵鏃], 청동숟가락, 찰갑편(札甲片), 조선시대 전기의 분청사기편(粉靑沙器片) 및 기와편 등이 출토되었으며, 다량의 목익(木杙)이 넘어진 채로 노출되었다.

　이 해자의 확인은 왕조실록과 각종 지리지에서 찾아볼 수 없었던 해자가 동래읍성에 존재했음을 알려준 것 이외에 그 구조 또한 밝힐 수 있게

해자 노출 후
Moat after Investigation

한다. 그리고 사람뼈와 함께 출토된 무기류는 임진왜란의 전투현장을 우리에게 생생하게 보여주며 당시의 무기에 대한 연구에도 도움을 준다.

(집필 : 안성현, 감수 : 김용성)

서쪽 호안 석축   Western Stone Embankment

칼자국

인골 출토 상태   Human skelecton from site

목익 출토 상태   Wooden Material

The Moat of Dongraeupseong, Busan

This survey was conducted as a salvage excavation for constructing the underground in Busan Metro Politan City. The investigating area is situated on the south-eastern corner of the Dongrae Upseong (town wall). One moat, two stone embankments and one bride over a moat that elucidate the town structure of Chosun Dynasty were investigated.

놋수저와 바리
Brass Spoon and Wooden Rice Bowl

The discovery of moat informs us to the existence of it which was not recorded in the Annals of the Chosun Dynasty and numerous geography books. In particular, at least 10 human skeletons and animal bones, four swords, arrowheads and armours, grayish blue-powdered celadons belonging to the early Chosun Period and roof tile fragments, were identified, all of them help us to understand the situation of hostilities during the Japanese invasion in 1592-1598, and research the weaponry of those time.

대도 Sword

철제 화살촉 Iron Arrowhead

조선시대 한 지방 양반가문의 사후세계

Namjangri, Hongseong

충청남도역사문화원

충청남도 홍성에서 청동기시대부터 근대에 이르는 다양한 유구가 분포하고 있는 유적이 조사되었다. 여기서 조사된 유구는 청동기시대의 주거지와 성격미상의 수혈(竪穴), 백제시대의 주거지와 토기가마[土器窯], 조선시대의 주거지와 무덤[墳墓], 시대미상의 탄요(炭窯) 등이다. 이 가운데 중심을 이루고 있는 조선시대의 무덤 153기가 특징적이다.

조선시대 무덤은 움무덤[土壙墓] 103기, 회곽묘(灰槨墓) 50기로 단일유적으로서는 충청지역에서 가장 많은 회곽묘가 조사된 셈이다. 무덤들

유적 원경
Distant Perspective
of the Namjangri Site

가운데 17기에서 감실(龕室)이 확인되었다. 이 중 3기의 감실에서는 백자 명기(白磁明器) 일괄이 부장되어 있었고, 다른 것들의 감실에는 청동제(靑銅製)의 합(盒)과 발(鉢), 숟가락과 젓가락[匙箸] 등이 부장되거나 금속제 유물들과 함께 벼루[硯]나 백자와 같은 실용기가 부장되었다. 이외에 감실이 없이 분청사기(粉靑沙器) 등이 매장주체부(埋葬主體部)에 부장된 것도 있었다. 회곽묘에서는 나비장이음과 띠열장이음으로 결구한 널[木棺]이 남아있어 『상례비요(喪禮備要)』에 나오는 널 접합방식을 확인시켜 주었다. 출토유물을 통해 본 무덤의 조영 시기는 려말선초(麗末鮮初)부터 대한제국시기까지로 확인되었고, 중심 시기는 16세기 후반~17세기 전반으로 비정된다.

이 유적에서 확인된 조선시대 무덤은 홍성군 내 지방 양반세력의 장례법과 매장양식을 연구하는데 있어 중요한 자료가 된다.

(집필 : 최영미, 감수 : 김용성)

Namjangri, Hongseong

Various kinds of features dated to the Bronze Age-modern age have been investigated at the Namjangri site, Hongseong; among them 153 burials of the Chosun Dynasty is a key feature.

This burial is classified into pit burial and plaster coffin tomb, and they are sub-divided in terms of the instalment of shrine. Most artefacts including white porcelains used for religious service, bronze implements, white porcelains and inkstones were unearthed in shrines. Identified artefacts indicate the central Period of this site is estimated in the late 16th-early 17th AD. Burials had been constructed by the Yangban (the noble status in Chosun Dynasty) families inhabited in Hongseong area, and provide abundant data for researching the funeral method and procedure in Chosun Dynasty.

9호 회곽묘 감실
Plaster Coffin Tomb No. 9

9호 회곽묘 감실
Shrine of Plaster Coffin Tomb No. 9

1호 회곽묘 감실
Shrine of Plaster Coffin Tomb No. 1

11호 토광묘 감실
Shrine of Coffin Tomb No. 11

청동합, 청동수저, 벼루 Bronze Bowls, Bronze Spoons and Inkstone

명기류 Utensils for Religious Service

Ⅱ. 해외유적

| Journal of Korean Archaeology |

베트남 호아빈 문화기의 동굴 유적

Hang Cho cave, Vietnam

서울대학교 고고미술사학과, 하노이국립대학교 고고학과, 베트남사회과학원 고고학연구소

이 유적은 베트남 북부 호아빈 성 일대의 타워 카르스트(tower karst) 지대에 발달한 석회암 용동 내에 형성된 전형적인 호아빈 문화 유적으로, 인도차이나 반도 일대의 플라이토세~홀로세 전환기를 대표하는 호아빈 문화의 성격 및 전개과정을 밝히고자 연차적인 발굴조사를 시행해 오고 있다. 1차 발굴조사(2004. 2)에서는 총 13개의 호아빈 문화층이 대략 19,000~9,000 BP 사이에 걸쳐 형성되었음을 확인하고, 대형굵개 종류를 비롯한 다량의 석기와 동물유존체를 수습한 바 있다.

2차 발굴(2006. 12)에서는 1차 발굴 시 조사한 A피트를 확장 발굴하

유적 원경
Distant perspective

유적 위치도
Location of site

고, 새로이 C피트와 D피트를 구획 조사하였다. B피트
는 베트남 연구진에 의해 독립적으로 발굴되었다. 발굴
결과, 기존에 조사된 13개의 문화층(1~13층) 하부에 3
개의 문화층(14~16층)이 형성되어 있음을 발견하였을
뿐만 아니라 1~16층이 침식된 다음 쌓인 것으로 보이
는 6개의 층(D1~D6층)을 새로이 확인하였다. 또한
1~16층의 바닥면을 이루고 있는 석회마루 아래에서 약
3만 년 전 무렵에 형성되었다고 보이는 문화층이 존재
할 가능성을 확인하였다.

유구로는 석회마루 바로 위에 1~2cm 두께의 소토가
원형을 이루고 있는 것을 확인하여, 호아빈 문화기의 노지일 가능성이 높
은 것으로 추정하였다. 출토 유물은 석기 900여 점, 동물뼈 200여 점, 골
각기 수 점, 식물종자류 수십 점에 이른다. 특히 기존에 조사가 미비하였
던 호아빈 문화 후기층이 집중 조사됨으로써 호아빈~신석기 문화로의 전
환과정을 연구할 수 있는 자료를 확보할 수 있게 되었다. 후기층에서 출
토된 마제석기와 골각기는 후기 단계에 이르러 도구조합에 새로운 요소
가 나타남을 보여주고 있다.

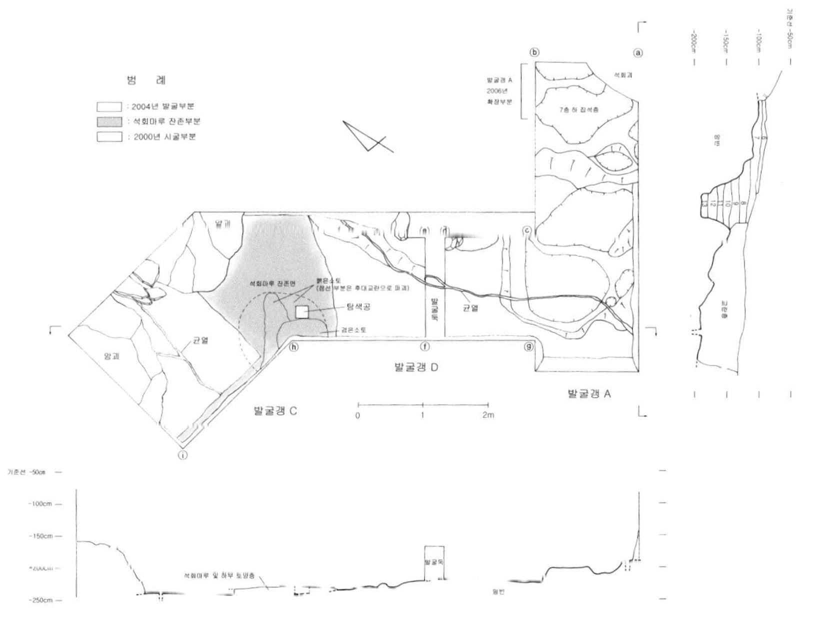

A, C, D피트 평면도
Plan of the A. C. D. pit

동물유존체는 소(Bos), 곰
(Ursus), 멧돼지(Sus) 사슴
(Cervus), 자라, 설치류 등이
주를 이루며, 소형 맘모스류
(Mammuthus)로 추정되는 치
아편이 새롭게 확인되었다. 식
물유존체에 대한 분석도 시행
되었는데, 화본과(Poaceae),
국화과(Compositae), 물푸레
나무과(Hypericaceae) 종자
와 삭과(capsule) 등이 확인되
어 당시의 환경 및 식물자원이
용상을 연구할 수 있는 기초 자
료를 획득하는 계기가 되었다.

(집필 : 이선복 · 이준정)

Hang Cho cave, Vietnam

In the second excavation at the Hang Cho cave site, one of the cultural remains of Hoabihnian Culture, three cultural layers of the early phase and six cultural layers of the late phase was identified besides 13 cultural strata investigated in the first excavation in 2004. Discoveries of the Stratum No. 14, 15 and 16 definitely imply that the starting point of this site was before cal. 20,000 BC which was 3,000-4,000 years earlier than the date hitherto known. In addition, as strata of the late phase were intensively investigated, invaluable data could be obtained to research the transitional period from the Palaeolithic to Neolithic era. Artefacts are composed of approximately 900 stone tools and 200 animal bones, and several bone tools and plant seeds. In particular, as polished stone tools and projectile points made from animal bone were unearthed, new elements of the assemblage composition were identified in the upper layers of this site.

유적 내부 View of the site

발굴조사 모습 View of Experimental Work

각종 동물유존체 Faunas

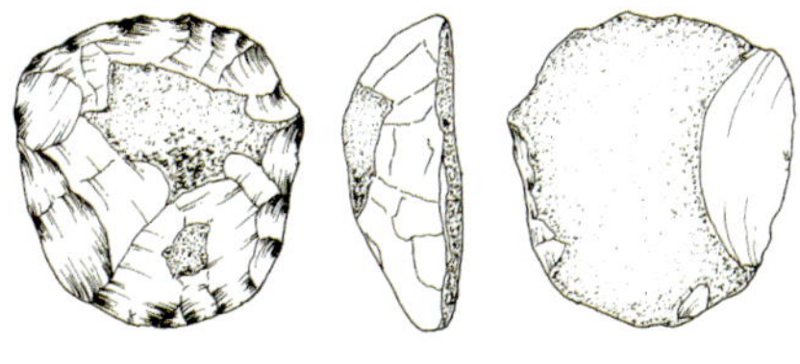

1문화층 출토 원반형 긁개
Scraper unearthed in the cultural layer No. 1

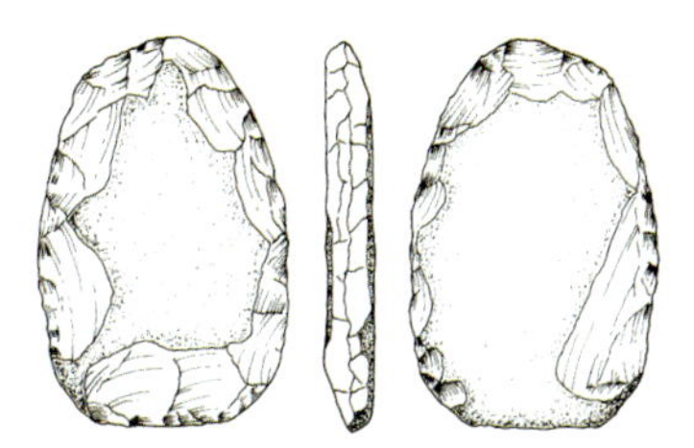

3문화층 출토 돌도끼
Handaxe uncovered in the cultural layer No. 3

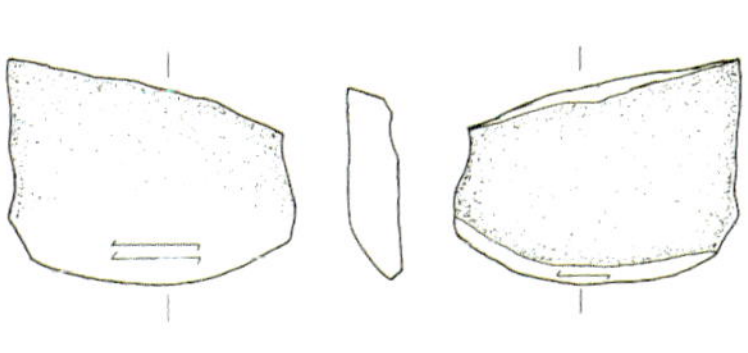

D4문화층 출토 마제석기
Polished stone implement uncovered
in the cultural layer No. D4

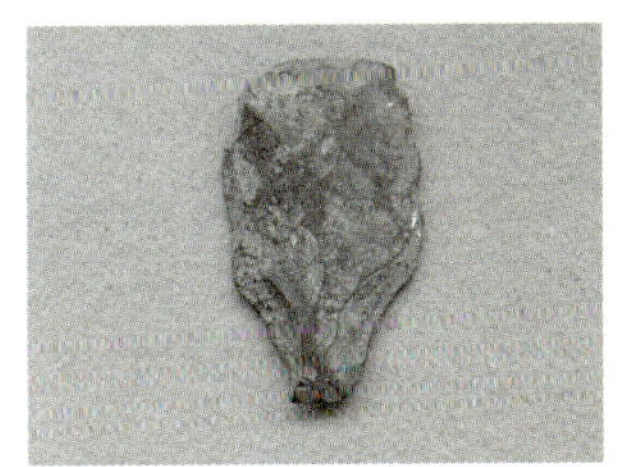

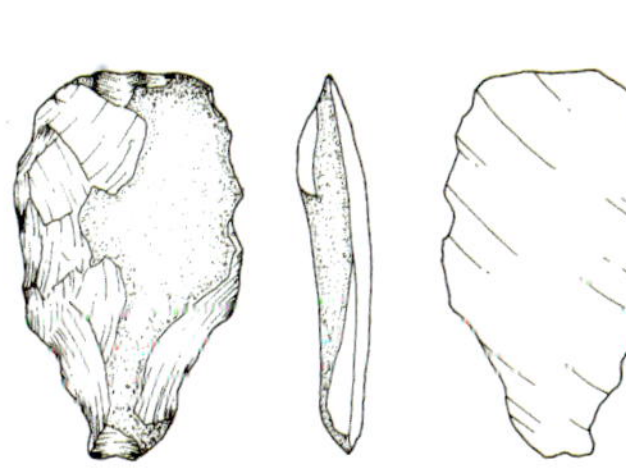

D1층 출토 긁개
Scraper uncovered in the cultural layer No.D1

발해의 다양한 고분과 유물이 출토된 유적

Chernyatino 5 Burial Ground, Russia

문화재청 한국전통문화학교, 러시아 극동국립기술대학교

체르냐티노-5 발해 고분유적은 연해주 우수리스크 시 북서쪽 라즈돌나야(솔빈) 강의 우안에 위치한다. 유적에는 돌방무덤[石室墓], 부석묘, 위석묘 등 발해시대 고분들이 집중되어 있으며, 주변으로 크로우노프카 문화층이 확인되는 체르냐티노-2 유적이 분포한다.

2003년부터 매년 발굴하여, 2006년은 제 4차 공동 발굴조사이다. 조사 결과 55기의 발해고분과 1기의 말갈주거지를 발굴조사하였다. 고분은 부석묘(敷石墓) 7기, 움무덤 46기, 돌방무덤 2기로 다양하다.

부석묘는 무덤 바닥에 자갈돌을 한 겹 촘촘하게 깔고, 그 위에 나무덧널과 목관을 안치한 묘제로서 체르냐티노-5 유적에서는 새로 확인된 장

유적 원경
Distant perspective

법이다. 부석묘에서는 토기, 철제 칼, 철제 화살촉, 청동 방울, 동탁(銅鐸), 기마인물상 등 발해시대의 유물이 부장되어 있었다. 특히 합장묘인 153호 무덤에서는 인골 2구가 서로 다른 머리 방향을 하고 있어 독특한 모습을 보여준다. 돌방무덤은 2004년도에 조사된 70호 및 71호가 대표적이며, 2006년에는 대부분 경작에 의해 상부가 유실된 상태였다. 움무덤은 모두 단인장이며, 화장과 생장(生葬)이 함께 확인되었는데 생장의 경우는 다리를 접어 넣은 굴지장(屈肢葬)이다. 토광 내부에 나무널의 흔적이 확인되는 경우가 많고, 머리 방향은 북서향이 절대 다수를 차지한다.

말갈의 주거지는 발해 고분과 겹쳐진 상태로 발굴된 것으로, 이는 발해 이전에 말갈의 마을이 있었고 그 다음에 발해 고분군이 들어섰음을 보여준다.

출토유물은 토기, 철제 창, 큰칼[大刀], 단검, 화살촉, 칼[刀子], 찰갑, 청동 기마인물상, 패식(貝飾), 방울, 동탁, 은 귀걸이, 홍옥 목걸이, 유리 목걸이, 옥환 등 다양하다. 이 중 토기는 말갈계와 고구려계가 함께 출토되었다. 말갈계 토기는 기면이 적갈색 혹은 갈색이며, 태토는 거칠고 기종은 깊은 바리형 또는 화병형(花瓶形)이다. 고구려계 토기는 기면이 회색 혹은 흑회색이며, 태토는 니질이고 기종은 병류와 호류가 다수를 차지한다.

체르냐티노 5 고분군의 연대는 대체로 말갈후기에서 발해 중기까지로

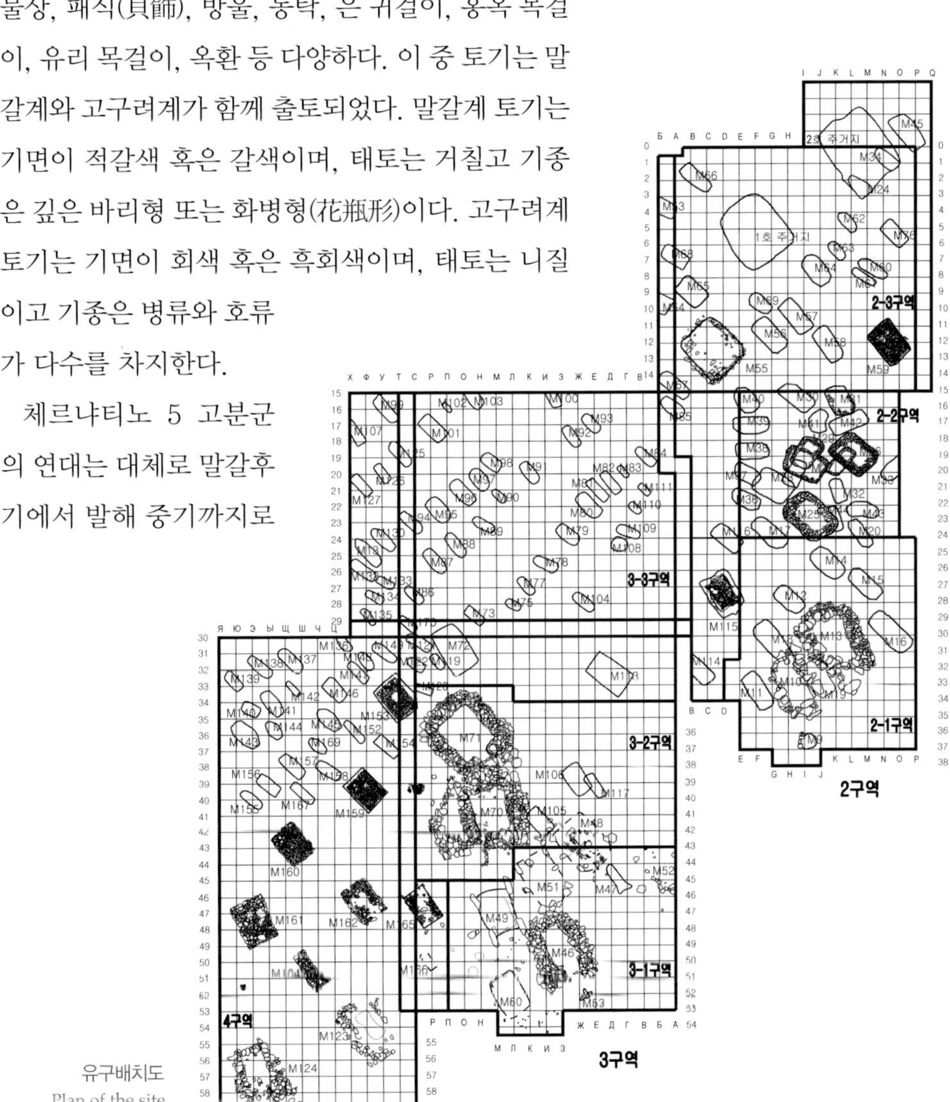

유구배치도
Plan of the site

2006년 발굴 조사 지역 Excavation area in 2006

137호 무덤 Tomb No. 137

편년된다. 움무덤이 밀집해 있는 고분군의 북쪽 부분은 말갈 후기~발해 중기에 걸쳐, 돌방무덤과 부석묘 그리고 위석묘(圍石墓)가 분포하는 고분군의 남쪽 부분은 대체로 발해 시기, 특히 발해 중기에 집중 조성된 것으로 생각된다.

체르냐티노-5 고분군 발굴 조사는 발해의 고분과 유물에 대한 다량의 자료를 직접 확보·보고함으로서 국내학자들의 발해연구의 기본토대 마련은 물론, 중국의 동북공정에 체계적으로 대응할 수 있는 자료를 확보하였다는 점에서 의의를 갖는다.

(집필 : 정석배)

Chernyatino 5 Burial Ground, Russia

The join archaeological research team of the Korean National University of Cultural Heritage and Russian Far-Eastern State Technical University has been excavated at Chernyatino site located in the Maritime Province of Siberia since 2003. In the excavation of 2006, a total of 55 graves of Balhae and one dwelling of Malgal were identified. The grave of Balhae is classified into flagstone tomb, pit burial (wooden coffin tomb) and stone chamber tomb; among them, pit burial constitutes the majority. A number of artefacts dated to the Balhae phase include potteries, iron spearhead, long swords, short swords, arrowheads and mail armours, bronze horse rider-shaped statues, bells and buttons, shell adornments, carbuncle necklaces, glass bead necklaces and jade rings. The date of this site is estimated from the late Malgal to mid Balhae phase as examining chronologies of excavated artefacts and circumstances of overlapping features.

145호 무덤 출토 고구려계 토기
Koguryo type pottery excavated in the tomb No. 145

158호 무덤 출토 철제 창과 대도
Iron spearhead and sword excavated in the tomb No. 158

말갈계 발해 토기
Malgal type pottery

153호 무덤 출토 일괄 유물
Artefacts from Tomb No. 153

2006년 출토 장신구류 Various ornaments

과거와 현재의 교량 발해 염주성

Kraskino Balhae Fortress, Russia

동북아역사재단, 러시아과학원 극동지부 역사학고고학민속학연구소

크라스키노 성터는 연해주의 최남단 해안가에 위치한 발해시기의 평지성이다. 발해 염주의 중심지로 추정되며, 발굴은 1980년대에 시작되어 꾸준히 진행되고 있다. 동북아역사재단의 발굴은 2004년부터 시작되었다. 2006년(3차)의 발굴은 성터 북서지구에서 이루어졌는데, 발굴구역으로는 33-a, 34, 35, 36구역에 해당한다.

유적 원경
Distant perspective

크라스키노 위성 사진

33-a 구역은 2005년 발굴 당시 7개의 주초석(柱礎石)이 노출되었던 33 구역에 대한 확대 발굴이었다. 81㎡의 면적에 대한 발굴 결과 16개의 주초석이 완전 노출되었으며, 건물지는 남북 5칸(6.69m), 동서 3칸(4.64m) 규모인 발해 사원의 부속 건물로 밝혀졌다. 이 지역에서 3단계의 건축 층도 확인하였다.

34구역은 2005년에 발굴된 2기의 주거지와 온돌 유구에 대한 심화 발굴(제7~10층)로   총 136㎡를 발굴하였다. 제 8~9층에서 화덕자리와 주거지가 노출되었으며, 'ㄷ' 자형의 고래시설도 확인하였다. 출토유물로는 금동장식의 청동유물, 화살촉, 철 슬레그, 기와편, 도자기 편, 골뱅이 소라, 각종 동물의 뼈 등 다양하다. 특히 주거지 북쪽에서는 물길, 도로, 물길이 이어지는 발해 도로 유구도 드러났다.

35구역은 마그네틱 조사에 의한 시굴을 실시하였다. 성벽의 동벽에 가까운 지점에 3m×3m 간격의 유구에 깊이 140cm를 발굴하였는데, 80~89cm 지점에서 돌무지를 확인하였다. 자기 측정을 통해 주거지의 형태와 방향을 추정 확인할 수 있었다.

2005년에서 2006년의 발굴 성과로는 크라스키노에서 최초로 제 3,4 건축층의 존재(34구역)를 확인한 것과 하부 건축층에서 다양한 시기의 주거지 흔적 및 온돌시설을 발굴한 것을 들 수 있다. 또한 주거지 사이의 도로유구를 처음으로 조사하였으며, 이 구역이 적어도 수백년간 존속했음도 확인하였다. 발굴지 하층에 속하는 주거지(5호)에서 출토된 말갈식 토기와 납작 만입 석촉은 발해문화의 초기에 속하는 것으로, 이 성지의 개시연대와 장시간 존속을 입증한다.

(집필 : 김은국)

Kraskino Balhae Fortress, Russia

유적 조사 모습 View of the Site

34구역 정리 모습 View of Experimental Work

The archaeological research team of the Northeast Asian History Foundation has excavated at the Kraskino Fortress site estimated to the Yeomju Fortress of Balhae since 2004 with the Institute of History, Archaeology and Ethnography of the peoples of the Far East of the Far Eastern Branch of the Russian Academy of Science.

The investigated area is broadly divide four sectors, a feature (6.68m in N-S and 4.64m in E-W) estimated to the accessory building of Balhae temple was discovered at Sector No. 33-a. Two dwellings and underfloor heating systems were excavated at Sector No. 34. In addition, a road was identified at the north of dwellings. The site was constructed in around the 9th AD as examining the date of artefacts.

34구역에서 출토된 횡이부가 부착된 토기
Ceramic vessel with handle

34구역 출토 허리띠 장식 Belt buckle

34구역 출토 허리띠 장식 Belt ornament

35구역 출토 청동비녀끝 장식
Bronze ornament

34구역출토 토제반지 Ceramic ring

34구역 출토 유물
Artefacts

2006 한 · 러 공동 연해주 고고유적 학술조사

The Archaeological survey, Primorskii Territory of Russia

문화재청 국립문화재연구소, 러시아과학원 극동지부 역사학고고학민속학연구소

러시아 극동 연해주 일대에 분포하는 발해유적을 중심으로 한 우리 역사 관련 고고유적의 분포양상과 현황을 파악하기 위해 국립문화재연구소가 2006년부터 연차계획으로 실시하고 있는 학술조사이다.

연해주에는 북옥저와 발해의 유적이 널리 분포하고 있어 우리 역사문화의 구명에 있어 중요한 지역이다.

이번 조사 방향은 크게 두 가지로 진행되었다. 첫째, 기존에 알려진 발해를 중심으로 한 중요유적에 대한 현황파악이고, 둘째, 새로운 유적에 대한 지표 및 시굴조사가 그것이다.

마리야노프카 발해평지성 북벽 위에서 바라본 동벽과 성 내부
View of Mariyanovka

이번에 조사된 발해 평지성으로는 키롭스키 지구의 마리야노프카 성, 미하일로프카 지구의 고르바트카 성, 니콜라예프카-1 성, 파르티잔스크 지구의 니콜라예프카 성, 체르니고프카 지구의 브이소코예 성, 추구예프카 지구의 콕샤로프카-1·2 성과 오크라인카 성, 시코토보 지구의 스툐클랴누하-1 성, 하산 지구의 크라스키노 성 등이 있다. 산성으로는 아누치노 지구의 노보고르데예프카 성, 옥탸브리스키 지구의 시넬니코보-1 성 등이, 고분은 체르냐티노-5 고분군 등이 조사되었고, 주거유적으로는 아누치노 지구의 노보고르데예프카 마을유적, 옥탸브리스키 지구의 콘스탄티노프카-1 유적, 올가 지구의 시니예 스칼르이 유적, 우수리스크 지구의 아브리코스 마을유적, 코르사코프카-1 유적 등이 조사되었다. 절터 유적은 우수리스크 지구의 아브리코스 절터, 코프이토 절터, 코르사코프카-2 유적, 하산 지구의 크라스키노 성 내 절터 등이 조사되었다.

금번 조사의 가장 큰 성과는 예고로보 폴레 마을유적, 소콜로프카 고분군, 이스크라-1 마을유적 등 발해시대의 새로운 생활유적을 조사하였다

시넬니코보 발해산성 서벽
Stone brick of the Balhae Fortress in Sinelikovo

는 점이다. 특히 관옥, 소옥, 청동방울 등 옥·청동제 장신구와 철기가 다량 수습된 소콜로프카 고분군이나 시굴조사 시 자연유약이 덮인 도기편, 조류 뼈, 소토부 등이 노출된 이스크라-1 유적은 새롭게 주목되는 발해 유적이다.

발해의 북쪽 경계에서 확인된 오크라인카 성은 발해의 영역을 비정하는데 중요한 정보를 제공한다. 고고학 유적이나 유물로는 현재 마리야노프카 성에서 오크라인카 성을 지나 동해안에 있는 모노마호보 성에 이르는 라인의 이북에서는 명확한 발해문화가 확인되지 않고 있다. 이처럼 러시아 학계에는 알려져 있으나 국내 학계에는 거의 알려지지 않았던 유적의 현황을 소개하는 점도 이번 조사의 중요한 성과이다.

세클랴예보-21 유적은 저수지의 물이 빠지면서 옥 원석과 반가공품, 완성품이 수습되어 알려졌다. 명확한 유구는 확인되지 않았으나 옥제품

콕샤로프카-1 발해평지성 서벽 상면 표토제거 후 성돌 노출 전경
Stone brick of the Balhae fortress in Coksharopka-1

오크라인카 발해평지성 서벽 절개 전경
The western wall of the Balhae fortress in Okrainka

브이소코예 발해평지성 서북모서리 성돌 노출 전경
Stone brick of the north-western part of the Balhae fortress in Vsokoye

세클랴예보-21 유적 조사 전경
View of the Sekrayebo-21 site

의 가공에 관한 일련의 과정을 살펴볼 수 있는 중요한 유적이다.

　연해주는 이처럼 한민족 고대국가와 밀접한 관련이 있으며 그 이전 선사시대부터 동북아시아라는 거시적인 관점에서 끊임없는 문화적 교류가 있어왔던 지역이다. 당대 생활상의 복원과 문화적 전파·이동과정을 밝혀내기 위한 기초적인 학술작업은 현재의 국가 영역을 뛰어넘어 각 국의 공동연구가 절실한 작업이며, 이번 한·러 공동 연해주 고고유적 학술조사는 이런 점에서 중요한 의의를 갖는다.

(집필: 김동훈, 감수 : 홍형우)

소콜로프카 고분군 수습 각종 장신구 Various ornaments

The Archaeological survey, Primorskii Territory of Russia

This survey was carried out by the joint research team of the National Research Institute of Cultural Heritage of Korea and the Institute of History, Archaeology and Ethnography of the peoples of the Far East of the Far Eastern Branch of the Russian Academy of Science to investigate the distributional situation of archaeological remains located in Maritime Province of Siberia, Russia.

Investigated sites constitutes the Egorovo pole Settlement Site, the Tumuli of Sokolovka and Iskra -1 Settlement Site dating to the Balhae period. Particularly, the Tumuli of Sokolovka where a number of personal ornament, such as tubular jades, small beads and bronze bells, were collected and the Iskra -1 Settlement Site where stonewares covered with natural glaze on pottery surface, bird bones and burned soil structures were exposed on the ground are newly attended Balhae remains

삼국시대 전기 이전의 발굴조사 성과

이청규(영남대학교)

금년에 발굴조사된 구석기시대 이후 삼국시대 전기 이전의 유적을 훑어보면 각 시대별로 일정한 주제를 규명하는데 결정적인 고고학자료를 제시하고 있음이 확인된다.

구석기시대의 경우 중기의 절대연대자료가 확보된 석기갖춤새의 유적이 발굴조사되고, 종전에 알려지지 않은 지역에서 후기의 좀돌날석기군이 알려지게 되었다. 신석기시대의 것으로 해안가 구릉상에 주거지가 정연하게 배치된, 좀처럼 보기 어려운 마을 유적과 원시신앙을 유추할 수 있는 인공유물이 출토된 유적이 주목된다.

청동기시대의 경우 주거지, 무덤, 경작지 등의 다양한 유적이 발굴조사되었는데, 이른 단계의 돌대문(突帶文) 토기를 출토하는 위석식(圍石式) 화덕의 주거지, 수장급 무덤의 대형 묘광(墓壙) 혹은 묘역을 갖춘 고인돌군, 그리고 하천의 자연제방 배후에 형성된 밭의 유구가 발굴조사되었다.

청동기를 내는 유적으로 비파형동검이 부장된 무덤으로서 예가 드문 목관묘와 다뉴세문경과 세형동검, 관옥 셋트를 부장한 것으로 추정되는 석곽묘가 확인되었다. 원삼국기 초기에 남한 처음으로 철을 채광(採鑛)하던 유적이 조사되었으며, 많은 주거지를 낸 마을유적과 함께 묘제의 변천과정과 상위 세력집단의 존재를 알려주는 목관묘, 목곽묘 유적이 여러 지점에서 발굴조사되었다.

우선 구석기시대 유적 발굴 사례로서 강원 홍천 하화계리 백이유적을 살펴보면, 제3문화층에서 79±4 kyrs의 OSL연대측정자료가 확보되어 구석기시대 중기임이 확실하게 알 수 있는 석기갖춤새가 확인되었는 바, 주먹도끼(handaxes), 주먹찌르개(pics), 주먹대패(planes), 여러면석기(polyhedrons) 등의 전기 전통의 대형석기가 포함되어 있다. 이러한 석기문화의 조합상은 임진·한탄강 유역에서 조사된 구석기 갖춤새와 통하는 것으로 중기 이전의 한국 구석기문화를 연구하는 귀중한 자료가 된다.

　경북지역에서 처음으로 발굴된 후기구석기시대의 대구 월성동유적은 약 200㎡ 정도의 범위에서 망치돌을 비롯하여 몸돌과 박편, 부스러기 등이 집중적으로 출토된 석기제작 공방지이다. 좀돌날몸돌 70점을 비롯하여, 좀돌날 1,089점, 돌날 68점, 망치돌 3점 등과 긁개, 밀개, 새기개, 뚜르개, 홈날석기와 톱니날석기 등의 성형석기 199점이 출토되었다. 어느 유적에 못지 않은 상당량의 좀돌날 몸돌이 확인되어, 그동안 한반도 중부와 서부지역을 중심으로 조사연구된 2만년전 전후의 후기구석기시대 말기의 석기문화에 대해서 이제 경북의 낙동강 중류 지역에서도 접근할 수 있게 되었다.

　신석기시대의 경우, 대종천 하구의 경주 봉길리유적에서는 경북 동해안에서 처음 신석기시대 주거지가 3기가 조사되었는 바, 타원형 평면 주거지에서는 신석기시대 전기의 자돌문(刺突文)토기, 방형 평면 주거지에서는 중기의 태선어골문(太線漁骨文)토기가 출토되었다. 주목되는 것은 신석기 중기 토기와 함께 지금까지 알려진 동물, 사람모양의 소조품과 다른 남근(男根)모양의 토제품이 출토되었다는 사실이다. 당시 원시신앙, 특히 남근과 관련된 신앙이 이 때부터 한반도에 성행하였음을 입증하는 점에서 흥미로운 자료라 하겠다.

　강원 고성 철통리유적은 그동안 영동지방에서 발견된 대부분의 중기 이전의 신석기시대 주거지가 해안 사구 등 저지대에서 확인된 것과 달리 해발 30~40m의 구릉 정상부에 입지하는 후기 유적이다. 또한 한변의 길이 5.5~3.2m의 방형 평면에 4주 혹은 2주의 기둥을 가진 정형화된 주거지가 남북방향의 능선을 따라 2~5m의 일정한 간격으로 7기의 주거지가 일렬로 배치하고 있는 것이 마을 구조를 연구하는데 흥미로운 정보를 제공하여 주고 있다.

　청동기시대 유적으로 우선 주거지로서는 최근에 이른 단계의 것으로 알려진 위석식 화덕을 갖춘 장방형 주거지가 강원도 홍천 외삼포리와 원주 가현동유적에서 확인되었다.

　홍천강변의 충적지대에 입지한 홍천 외삼포리유적에서는 청동기시대 주거지 5동가 조사되었는데, 2기의 방형주거지에서는 점토를 깔고 강돌을 둘러 박아 불막음시설을 한 위석식 화덕과 기둥받침돌이 확인되었다. 이 주거지에서 돌대문토기기, 이중구연토기, 구멍무늬토기 등이 출토되어 인접한 정선 아우라지유적과 함께 청동기시대 이른 시기의 남한지역의 주거지 양식을 규명하는 데 중요한 학술적 자료를 제공하여 주고 있다. 강원 원주 가현동에서도 청동기시대 주거지는 15기가 조사되었는데, 대부분 장방형의 평면형태에 위석식 화덕시설을 갖추고 있으며, 공열토기 등이 출토되어 앞서 유적보다는 다소 늦은 것으로 추정된다.

충남 아산 대홍리유적은 삽교천의 동쪽에 위치한 해발 50~30m 정도의 구릉 일대에 22기의 주거지가 분포한 청동기시대의 마을 유적이다. 평택, 서산, 아산, 천안 등지의 경기·충남지역에 특징적인 세장방형 주거지가 구릉 정상부에 등고선과 나란히 배치되어 마을의 입지와 그 구조를 설명할 수 있는 좋은 자료를 제공하고 있다. 주거지에서는 구순각목(口脣刻目)에 공렬장식이 있거나, 이중구연 단사선 장식이 있는 흔암리식토기 출토되어, 무문토기시대 전기(청동기시대 중기)에 속하는 것임을 알 수 있게 한다. 또한 14호 주거지에서는 탄화미자료가 출토되어 그 수가 많지 않은 벼농사 관련의 자료를 더해 주고 있다.

청동기시대의 대규모 경작지는 십 여년 전 진주 남강댐 수몰지역인 대평리유적에서 조사된 바 있는데, 그 하류쪽으로 30여키로미터 떨어진 진주 평거동유적에서도 대규모 밭의 경작유구가 조사되었다. 주거지와 무덤은 자연제방, 밭 등의 경작유구는 그 배후저 지대에 조성되었는 바, 청동기시대 경작층 위로 삼국~통일신라, 고려시대의 경작유구가 층층이 형성되어 있어 동 평거동 지점이 여러 시대에 걸쳐 경작에 매우 유리한 입지조건 을 갖춘 곳임을 입증하고 있다.

금번에 발굴조사된 청동기시대의 무덤유적으로 영남지역의 대구 대천동, 진주 이곡 리, 그리고 김해 율하리유적이 주목된다. 그중 대구 대천동과 진주 이곡리유적은 그동안 조사된 고인돌과 석관묘 유적과 다를 바 없지만, 김해 율하리의 경우 청동기시대 후기(무 문토기시대 중기)의 다양한 묘형(墓型)의 대형 수장급 무덤 다수가 조사되어 주목된다.

김해 율하리유적에서는 총 106기의 청동기시대 무덤이 조사되었는데, 구릉상에 입지 한 무덤은 단독으로 위치하지만, 낮은 단구면상에 입지하는 무덤은 서로 일정한 거리를 두고 열을 지어 군집을 이룬다.

그중 대형 무덤은 묘역(墓域)이 대형화한 것과 매장주체부가 대형화한 것으로 구분된 다. 전자는 구릉상에 조성되는데. B4~B6의 경우 길이 41m의 석축기단의 장방형 묘역 을 갖춘 것으로 내부에 수 기의 무덤만이 배치된다. 후자의 경우 낮은 단구면에 조성되 는 바, AⅠ-11호분의 예를 보면 매장주체부는 길이 14.3m, 너비 8.2m, 깊이 2.1m의 대형 이중묘광을 파서 대형의 석관을 안치하고, 그 위에 5겹 이상의 개석을 덮은 것으 로, 지금까지 확인된 청동기시대 무덤 중 묘광이 가장 규모가 큰 것이다.

일부 무덤의 묘역들은 서로 연접되어 확인된다. 원형에서 장방형의 묘역이 연접되어 축조되고 있으며, 이 장방형 묘역에 다시 작은 방형묘역이 연접되어 축조되어 있어 무덤 피장자간의 일정한 관계를 유추하게 한다. 또한 무덤의 매장주체부는 목관(木棺), 석곽 (石槨), 석관묘(石棺), 옹관묘(甕棺) 등 다양하다. 대형무덤의 경우도 부장유물은 적색마연단지와 마제석검, 석촉 정도이어서 무덤의 외형상 규모와는 대조를 이루는 바, 이러한 현상은 압록강 이북의 요동(遼東)과 서북한지역의 대형 탁자식 지석묘부터 한결같은 현상이다. 구릉상의 늦은 단계의 무덤에서는 세형동검과 검파두식이 부장된 예도 있어, 김해 율하리 무덤군이 무문토기시대 중기에서 후기 혹은 청동기시대 후기에서 초기철기시대이 걸치는 늦은 단계의 것임을 알 수 있다.

대구 대천동유적은 낙동강 지류인 진천이 흐르는 월배선상지(月背扇狀地)의 선단부에 위치하고 있다. 청동기시대 주거지 16동과 함께 상석(上石)이 이탈되어 원래 지석묘도 상당수 있을 것으로 추정되는 석관묘 68기가 조사되었다. 무덤의 석재와 축조방법에 따라 천석(川石)을 가로쌓은 석곽형, 천석과 판석을 혼용한 혼축형, 판석을 이용한 상자형이 있다. 부장유물로는 적색마연토기, 석검, 석촉, 경식(頸飾) 등이 있는데, 석축형에 주로 부장되었다.

경남 진주 이곡리유적은 남강의 지류인 영천강변의 구릉 사면과 말단부, 충적지에 위치한다. 고인돌, 돌널무덤, 토광묘 등의 무덤 41기가 주거지 5동과 함께 조사되었다. 고인돌은 구릉과 평지의 경계에 조성되었으며 방형과 원형의 묘역시설을 갖춘 것이 있다. 석관묘는 구릉 사면과 평지에 조성되었는데, 판석과 할석(割石)으로 축조되었는 바, 채문토기(彩文土器)와 이단병식(二段柄式) 석검, 석촉 등이 부장되어 있다.

청동기시대의 비파형동검은 지금까지 남한에서는 지석묘와 석관묘에서 출토되었는데, 금번 조사된 경북 김천 문당동의 비파형동검 부장 무덤은 목관묘이어서 주목된다. 길이 2.2m, 폭 0.65m, 남은 깊이 0.45m의 장방형 평면의 토광에 길이 2m, 폭 0.4m 크기의 목관을 안치하여 만든 것으로, 나무 뚜껑이 있었던 것으로 추정된다. 흑색마연장경호와 점토띠 구연의 소옹(小甕)의 토기 2점과 비파형동검 1점이 부장되었다. 비파형동검 1점은 검신 하단이 만곡도가 매우 낮은 변형 비파형동검으로 요령성 심양 정가와자(鄭家窪子)와 평양 신송리 출토 동검과 같은 형식이다.

초기철기시대의 세문경이 발굴조사를 통해서 확인된 유적은 드문데, 전주 효자동은 만경천의 지류인 전주천을 동쪽으로 바라보는 낮은 구릉상으로 주변이 잘 조망되는 지점에서 세문경과 세형동검, 관옥 등이 수습되었다. 출토된 유구의 상태가 정확하게 알려져 있지 않아 알 수 없지만, 구릉 정상에 석곽묘가 있어 이에서 출토하였을 가능성이 높다 하겠다. 다뉴경은 주연부(周緣部)가 반원형을 이루고, 삼각거치문을 단위문양으로 하여 시문(施文)되고, 평면 오목렌즈 모양의 꼭지 2개가 달린 전형적인 세문경이다.

원삼국기로 내려와 울산 신천동 달천유적은 그동안 삼국시대 이후 근대에 이르기까지 영남 최대의 철광산으로 닐리 알려졌는 바, 금번의 조사를 통해서 그 연대가 기원전

1세기경까지 거슬러 올라가는 것이 확인되었다. 산구릉 비탈면의 주거지 2기와 구덩이 5개소가 확인되었는데, 1~5cm 지름의 철광석 덩어리가 동 유구와 그 주변에서 다량 출토되었다. 주거지 1호에서 삼각단면의 점토띠토기와 흑색마연장경호, 주머니호 등의 무문토기편이 스쿠식(須玖式)의 야요이토기와 함께 출토되어 그 연대는 물론 일본 야요이 주민집단과의 교류 증거를 확보할 수 있게 되었다.

강원 원주 가현동유적은 청동기시대 주거지는 15기와 함께, 원삼국기의 주거지가 49기가 발굴조사되었는 바, 영서지방을 대표하는 청동기시대~원삼국기의 대규모 마을 유적이다. 원삼국기의 주거지는 凸자형 평면형태에 점토띠식 화덕시설을 갖추고 있으며 중도식 경질무문토기와 타날문토기가 출토되어 경기, 강원, 충청 등 한반도 중부 지역에서 성행하였던 중도식 토기집단의 마을과 주거 양식의 면모에 대하여 하위지역별로 파악할 수 있는 고고학적 기반이 마련되었다.

소양강 북안의 충적대지에 위치한 강원 춘천 율문리에서 원삼국기의 주거지 1기가 거의 완전한 상태로 발굴조사되었다. 5.6×4.3m의 크기로서 출입구를 남쪽에 둔 평면 凸자형으로서 아궁이와 부뚜막, 구들, 배연(排煙) 시설이 제대로 남아 있어 당시의 주거생활과 건축구조를 밝히는 데 중요한 자료를 제공하여 준다고 하겠다. 주거지 내부에서는 중도식 경질무문토기, 타날문토기, 한식계(漢式系)토기 등의 토기와 주조철부, 철촉, 도자 등의 철기, 그리고 탄화 곡물 등이 출토되어 동 지역주민의 다방면에 걸친 생활상을 보여주고 있다.

원삼국기의 대규모 무덤군이 경기 용인과 오산, 그리고 경북 경주에서 발굴조사되어 각 지역의 묘제 변천과정은 물론 지역간에 무덤의 형식을 비교할 수 있는 자료가 확보되어 이 시대의 사회상과 지역교류의 연구에 큰 도움을 주고 있다. 경부 고속전철구간의 구제발굴조사된 경주 덕천리유적에서는 목관묘 14기, 목곽묘 122기, 그리고 옹관묘 66기가 발견되었다. 목관묘에서는 주구(周溝)를 갖춘 예가 발견되어 중서부 지역의 주구목관묘와의 관계를 알아 볼 수 있는 귀중한 증거가 확보되었다. 목곽묘는 이른바 경주식 세장방형으로서 오리모양토기를 포함한 신식와질토기에 마형, 호형대구, 다양한 철기, 장신구로 사용된 각종 옥류 등 특징적인 유물들이 출토되었다. 이들 무덤은 기원 2~3세기의 것으로 건천방면의 사라리유적, 울산방면의 조양동, 구정동, 구어리 등의 무덤유적과 함께 동 지구에 사로국(斯盧國)을 구성한 주요 세력집단이 자리하였음을 보여준다.

경기 용인 상갈동유적에서는 원삼국기의 목관묘와 목곽묘 26기, 옹관묘 4기가 조사되었다. 목관묘에는 주구를 갖춘 것이 있으며, 4호 무덤은 목곽묘를 갖추고 있는 것이다. 유물은 별도의 공간에 부장하고 있으나 목관 내에 부장하거나 충진토 내에 부장하는 경우도 있다. 옹관묘는 장란형토기를 합구식(合口式)으로 조성하였는 바, 그 중심연대가 기원후 3세기 중엽으로 추정되며, 주구목관묘의 분포로는 가장 북쪽에 위치하고 있는 점에서 그 의의가 있다.

　경기 오산 수청동유적은 경기남부지역의 원삼국기(삼국시대 전기)에서 삼국시대 후기로 넘어가는 3~4세기경에 축조된 대규모 분묘군으로 목관묘 64기와 목곽묘 2기 등이 조사되었다. 주구를 가지는 것과 없는 것이 혼재되어 있고, 목관묘는 평면 장방형으로 등고선과 직교하게 조영(造營)되었으며, 높은 쪽에 유물부장공간이 마련되는 구조를 갖고 있다. 부장유물로서 중국 동진대(東晉代) 청자 반구호(盤口壺) 1점이 있어 지역집단의 정치적 성장과 대외 교류의 면모를 확인할 수 있는 무덤유적인 점에서 주목된다.

　이상 금번에 조사된 원삼국기(삼국시대 전기) 이전의 유적에 대해서 간단하게 살펴보았다. 상당수의 유적에서 여러 시대의 유구가 중복되어 조사되었지만, 그중 대표적인 유구만을 소개하였다. 금번에 소개한 것처럼 각 시대별로 전국에서 중요한 유적이 골고루 조사된 사실로 보아, 조사의 공백지대가 점차 좁아지는 현상이 파악된다. 이러한 추세가 지속되면 한국 고고학에서의 시공간적인 단절이 없어지게 되어, 명실공히 한국 원시 · 고대문화의 변천과정을 체계적이고도 충분하게 설명할 수 있는 때가 멀지 않을 것으로 기대된다.

| 삼국시대 전기 이전 발굴조사 유적 목록 |

번 호	시 대	유 적	유구 형태	주요 내용
1	구석기시대 중기	강원 홍천 북방면 하화계리	생활터	79±4 kyrs 연대
2	구석기시대 후기	대구 달서구 월성동	석기제작터	좀돌날몸돌 70점
3	신석기시대 중기	경북 경주 양북면 봉길리	주거지	남근모양 토제품
4	신석기시대 후기	강원 고성 현내면 철통리	주거지	일렬 배치 주거지
5	청동기시대	강원 홍천 외삼포리	주거지	위석식노지 주거지
6	청동기시대	충남 아산 대흥리	주거지	세장방형 주거지
7	청동기시대	경남 진주 문산읍 이곡리	무덤	고인돌 등의 무덤 41기
8	청동기시대	경남 진주 평거동	경작지	무덤과 논, 밭
9	청동기시대	대구 달서구 대천동	무덤	고인돌과 석관묘 68기
10	청동기시대	경남 김해 장유면 율하리	무덤	대형묘역과 묘광의 고인돌
11	청동기시대	경북 김천 문당동	무덤	비파형동검 목관묘
12	철기시대 초기	전북 전주 효자동	무덤	세문경
13	원삼국기(삼국시대 전기)	울산 북구 천곡동	채광터	점토대토기 채광유구
14	원삼국기(삼국시대 전기)	경북 경주 내남면 덕천리	무덤	목관묘,목곽묘 136기
15	원삼국기(삼국시대 전기)	강원 원주 가현동	주거지	주거지 49기
16	원삼국기(삼국시대 전기)	강원 춘천 율문리	주거지	완전형태 주거지1기
17	원삼국기(삼국시대 전기)	경기 용인 상갈동	무덤	목관묘, 목곽묘 26기
18	원삼국기(삼국시대 전기)	경기 오산 수청동	무덤	목관묘 64기

2006년도 역사시대 발굴조사 현황 및 성과

박순발(충남대학교 고고학과 교수)

크고 작은 국토개발에 수반되어 매장문화재 발굴조사는 최근 급격히 증가하고 있다. 연간 발굴조사 건수 변화 추이를 보면 1991년(107건) 100건을 넘어선 이래 2004년(999건) 1,000건에 육박하였고 2006년도에는 1,300건(문화재청의 통계상으로는 947건이나 이는 시굴과 발굴이 통합되어 허가된 건수로서 그 가운데 기간이 연장된 것으로서 본 발굴 건수를 모두 더하면 1,300건에 달한다.)에 이른다. 2000~2006년도 사이 전년대비 연 평균 증가율은 무려 27%에 달하여 가히 폭발적 증가라 할 수 있다.

이러한 발굴조사들은 대부분 구제조사여서 학술적인 동기로 이루어지는 발굴조사는 거의 찾아보기 어렵다. 발굴조사가 이루어지는 계기를 기준으로 흔히 구제조사와 학술조사로 구분하고 있지만, 조사의 목표나 내용이 다르지는 않다. 어떤 동기에서 조사되었든 고고학적 발굴조사임에는 틀림없으며, 그 조사 결과는 고고학적 자료의 축적 및 연구 성과로 이어져야 할 것이다.

여기서는 2006년도 한 해 동안 발굴조사된 것 가운데 삼국시대 11개 유적과 고려시대 이후 3개 유적을 중심으로 역사시대 유적 조사 성과를 살펴볼 것이다. 수많은 발굴 유적에서 이들을 가려 뽑게 된 주요 근거는 해당 시기 고고학연구에 있어 각 유적이 차지하는 자료적 가치라 할 수 있다. 그러나 자료적 가치라는 것도 따지고 보면 객관적으로 쉽게 가늠될 수 있는 성격의 것만도 아니다. 흔히 '최고(最古)', '최대(最大)', '최초(最初)' 등 이른바 '삼최(三最)'를 자료적 가치 판단의 우선적 잣대로 삼기도 한다. 이것이 일반적 관심의 핵심이기는 하여도 고고학적 측면에서도 꼭 같이 통하는 기준이라고 하기는 어렵다.

남겨진 물질자료를 통해 그에 반영된 문화적 행위를 복원하고 나아가 문화의 변천 과정을 설명하는 것을 학문적 목표로 하는 고고학이라면 그에 필요한 자료는 반드시 '삼최'적 가치를 가진 것만은 아닐 것이다. 특정 시대 혹은 분야의 고고학적 연구 관심이나 수준과 연동되어 동일한 자료의 가치도 달라질 수 있을 것이다. 이런 점에서 2006년도 선정 역사시대 유적은 현시점에서의 한국고고학, 특히 역사고고학분야의 관심이 어디에 있는 지를 보여주는 것이기도 하다.

최근 한국고고학 발굴조사 성과 가운데 중요한 특징 가운데 하나로 들 수 있는 것은 종전에 비해 저습지에 대한 관심이 증가되었다는 점이다. 2006년도 조사에서는 김해 관동유적과 창원 신방리유적 등이 그에 해당된다. 김해 관동유석은 옛 김해민으로 흘러드는 하나 충적지에 형성된 것으로 조사 결과 삼국시대의 선착장(船着場)이 확인되었다. 이는 아직까지 한국고고학에서 발견된 유례가 없는 것이기도 하거니와 문헌사료나 정황으로 미루어 활발하였을 가야지역의 고대 해상교통의 실상에 접근할 수 있는 단서를 확보하게 되었다는 점에서도 매우 중요한 의의를 가지고 있다할 것이다. 출토된 토기로 보아 5세기 늦은 시점부터 통일신라기에 이르기까지 지속적으로 활용된 것으로 추정되는 이 선착장 유적에서는 잔교(棧橋), 도로 등 해상교통과 육상교통의 결절로서 부두가 가졌던 물류 기능을 가능케 하는 여러 가지 시설이 함께 발견되었다. 이 유적 조사를 시작으로 장차 더 많은 선착장 혹은 부두 유적이 속속 드러날 것으로 기대된다.

창원 신방리유적은 낙동강의 배후 습지가 구릉지와 만나는 지점의 저습지에 해당된다. 인접한 곳에 원삼국시대의 대표적인 유적인 창원 다호리 분묘군이 자리 잡고 있어 원삼국시대 이래 이 일대가 가졌던 지정학적 위치를 짐작할 수 있다. 수혈주거지, 울타리로 추정되는 나무기둥열, 고상가옥, 저장구덩이, 수로 등의 다양한 유구와 더불어 수목이나 씨앗등의 식물유체는 물론이고 조개껍질 등의 동물유체가 다량 확인되었다. 토기상(土器相)으로 볼 때 5세기 중엽 혹은 후반대로 비정되는 이곳에서는 인접한 창녕, 함안, 김해, 고령 등지의 토기들도 함께 나와 이 유적 사람들이 펼쳤던 당시의 광범위하고 활발한 교류의 모습도 잘 알 수 있게 한다. 지리적인 위치로 보아 이들은 농업생산보다는 교역활동에 종사한 집단일 가능성이 높지만, 아무튼 이 유적의 발굴을 통해 가야 사람들의 생활상에 한 발짝 다가서는 계기가 될 것이다.

고구려에 대한 한국고고학계의 관심은 중국의 '동북공정(東北工程)'에 대한 국민적 우려와 더불어 고조되고 있다고 할 수 있다. 고구려가 백제, 신라와 더불어 한반도에 연고를 두었던 역사적 정치체임은 새삼 『삼국사기(三國史記)』나 『삼국유사(三國遺事)』와 같은 전통적인 역사인식의 기반이 되는 사서(史書) 이름을 들 필요조차도 없지만, 1990년대 이래 한반도 중남부지역에서 고구려 유적이 널리 분포하고 있다는 사실이 속속 고고학자료로서 우리 앞에 모습을 드러내고 있어 역사적 진실에의 접근을 돕고 있다. 임진강 및 한강유역의 고구려 보루유적은 475년 백제의 한성(漢城)이 함락된 이후부터 551년 신라에 의해 한강유역이 점유될 무렵까지 옛 백제 영토를 지배한 고구려의 중요한 군사적 거점이자 교통로를 보여주는 자료이다.

그 가운데 용마산 2보루의 조사 결과는 앞서 이루어진 다른 보루유적에서는 알려지지 않았던 사실을 더해주고 있어 주목된다. 용마산 일대의 보루는 산의 능선을 따라 배치되어 있는데, 성벽이 실재하지는 않지만 마치 성벽과 같은 역할을 할 수 있는 가파른 산능선 상의 교통로 상에 위치하고 있다는 점이다. 한강에 면한 저평지역에서 산곡을 올라 능선을 넘기 위해서는 반드시 통과하여야 할 고갯마루에 위치하고 있다. 용마산 2보루에 일종의 통문(通門)과 같은 시설과 차단 성벽이 함께 갖추어져 있는 까닭을 알 수 있게 한다.

청원 남성골유적은 금강의 대전 대안(對岸)에 위치하고 있는 고구려 최남단 군사 거점의 하나로써, 이미 2001~2002년에 걸쳐 한 차례 발굴조사가 이루어져 학계의 주목을 받은 바 있다. 백제의 한성을 함락 시킨 후 옛 백제 지역에 대한 고구려의 지배 양상은 문헌사료상으로는 분명하지 않았다. 이 유적보다 먼저 발굴조사된 대전의 월평동유적에서도 고구려토기가 출토되는 점 등으로 미루어 당시의 백제 도성인 웅진 즉, 지금의 공주의 턱밑까지 고구려 군대가 들어 왔을 가능성이 제기된 바 있던 터에 남성골유적이 발견되어 그 것이 사실임을 입증하게 하였다. 2006년도 조사에서는 고구려 특유의 금제 귀걸이 등이 발견되어 이와 같은 최전방 군사 거점의 위상을 짐작하게 하였다. 이러한 고고학자료는 고구려의 점령지 지배 방식에 대한 여러 가지 시사를 담고 있다고 할 것이다.

서울 인근의 수도권지역은 현재 한국에서 가장 많은 개발이 진행되고 있는 곳이다. 그에 따라 고고학적 발굴조사의 수요가 집중되면서 새로운 조사 성과도 눈부시게 축적되고 있다. 용인 삼막곡유적의 발굴성과는 그러한 것 가운데 하나이다. 한강으로 흘러드는 지천(支川)인 탄천 상류 충적지에 위치한 이 유적에서는 삼국시대의 취락이 발견되었다. 한반도 삼국시대 고고학에서 알려진 흥미로운 사실 가운데 하나로서 주목되는 점은 정치체의 영역변화에 수반되어 토기, 묘제 등의 물질문화가 함께 변화를 보이고 있다는 것인데, 이 유적에서 그러한 모습이 다시 한 번 잘 나타나고 있다. 475년까지 백제의 취락이었을 이곳에서는 백제의 한성시기 유물과 함께 551년 이후 신라의 진출에 따라 6세기 중엽 이후의 신라 토기가 출토되고 있다. 정치·군사적 사건과 토기상의 밀접한 관련성에 대한 연구를 심화할 수 있는 중요한 고고학자료라 할 수 있다.

삼국시대는 중앙집권적 고대국가가 성립되는 시기이다. 그러한 정치적 통합의 진전 정도는 삼국에 따라 얼마간의 시차가 있을 것으로 예상되지만 그 구체적인 진전의 모습은 기존의 문헌사료만으로는 접근이 용이하지 않았다. 이러한 관점에서 주목되는 고고학자료 역시 최근 속속 드러나고 있는데, 백제지역의 서산 기지리유적, 광주 하남동·산정동유적, 순천 덕암동유적, 고흥 길두리 안동고분 등이 그에 해당되며, 신라지역의 대구 봉무동유적, 달성 죽곡리고분군, 문경 신현리고분군 등이 그것이다.

서산 기지리유적은 4세기 무렵의 서해안지역의 토착 세력의 분묘군으로, 당시 백제 중앙 지역과는 다른 분구묘 혹은 주구묘로 구성되어 있다. 이 분묘군에서는 아직 본격적인 백제 중앙 기원 문물이 보이지 않지만, 이 유적보다 앞서 조사된 바 있는 인접한 서산 부장리 분묘군에서는 백제 중앙으로부터 내려 받았을 것으로 추정되는 중국제 도자기, 금동관모 등 위세품이 발견되어, 대략 4세기 후반~5세기 중엽경까지 서산 등 서해안 지역은 백제의 지배가 서서히 진전되고 있었던 모습을 그려볼 수 있게 되었다.

이와 동일한 형태의 금동관모는 남해안의 고흥반도 끝자락에 해당되는 고흥 길두리 안동고분에서도 나와 주목된다. 함께 나온 유물로 보아 5세기 중엽 무렵으로 추정되는 이 고분은 무덤의 구조상으로 보아 일본 열도의 묘제에 가까운 수혈식석실묘로 되어 있어 그 피장자의 종족적 계통을 둘러 싼 학계의 관심이 높기도 하다. 지리적 입지로 보아 이 무덤에 묻힌 자는 남해안을 통한 해상 교류에 종사한 지역의 지배자로 추정되며, 백제의 중앙으로부터 받았을 것으로 추정되는 금동관모 등으로 미루어 정치적으로는 한성시기 백제와 일정한 관계를 유지하고 있었던 것으로 볼 수 있다.

영산강유역 및 전남 동부지역은 최근까지 알려진 고고학자료로 보는 한 대략 6세기 전반 무렵 이후에는 백제의 직접적인 지배 영역으로 편입된 것으로 드러나고 있다. 고흥 안동 고분의 피장자의 모습에서도 알 수 있듯 이 지역의 세력들은 백제에 편입되기 이전까지는 고고학자료 상으로 일정한 차이점을 보이고 있다. 그러한 모습은 광주 하남동·산정동유적과 순천 덕암동유적에서 읽을 수 있다. 하남동·산정동유적에서는 청동기시대~통일신라시대에 이르는 취락, 분묘 등 다양한 자료가 발견되어 정착농경이 시작된 청동기시대 이래 취락의 발달과정 및 취락과 분묘역의 공간적 분포 등 한반도 취락고고학에 있어 매우 중요한 자료가 되고 있다. 취락을 구성하는 주거지에서는 3~5세기 무렵의 토기들이 주로 나오는데, 이들은 당시 백제 중앙지역의 그것과는 양상이 다른 것으로서 이른바 '영산강유역양식' 이라 부르는 것이다.

순천 덕암동유적 역시 주거지와 분묘가 함께 나오는 1~5세기 동안 지속된 취락터로 알려 졌다. 취락의 주변에 환호가 돌려져 있어 주목되는데, 내부 출토 유물로 보아 원삼국시대 취락과 관련된 것으로 이해된다. 원삼국시대 환호 취락은 한강유역의 풍납동, 경남 양산 평기동 등에서도 확인된 바 있으나, 전남 동부지역에서 확인된 것으로는 이 유적이 처음이다. 이 지역은 특히 6세기 전반경 백제와 대가야가 세력 확장 및 지배를 위해 각축하였던 곳으로 문헌사료에 잘 알려져 있었으나 그 동안 고고학자료의 축적이 많지 않아 기층문화의 성격이나 구체적인 역사적 변천 과정이 자세하지 않은 곳이기도 하여 금번에 알려진 자료의 학술적 가치는 그 만큼 높다.

원삼국시대 이래의 지역 중심지 즉, 읍락(邑落)은 중앙집권 고대국가의 지방으로 편제되었을 것이라는 추정은 문헌사료를 통해 충분히 짐작되고 있었지만, 대구 봉무동유적은 그러한 모습을 구체적으로 보여주는 고고학자료로서 주목된다. 이 유적은 인근에 불로동 고분군이 자리하고 있어 대구지역을 구성하던 소국(小國)의 중심 읍락일 가능성이 점쳐진다. 특히, 삼국시대에 만들어진 폭 3~5m의 도로와 함께 지상건물, 목탄가마, 수혈 등 취락과 관련된 여러 유구가 나와 그러한 추정을 가능하게 한다. 인접한 고분군이 축조되기 이전부터 통일신라, 고려, 조선시대에 이르는 장기지속적인 취락의 변천상을 읽어 볼 수 있는 중요한 고고학자료임에 틀림없다.

달성 죽곡리고분군 역시 대구지역에 존재하였던 읍락 가운데 한 세력의 분묘역으로 이해된다. 조사된 고분은 5세기 후반 무렵으로 비정되는데, 토기 등의 유물은 신라의 중심지역과 구분되는 지역색이 농후하게 남아 있어 장차 신라의 지방편제 혹은 자방지배 방식의 구체적인 전전 과정을 고고학적으로 접근할 수 있는 자료로서 귀중하다.

문경 신현리고분군은 신라가 소백산맥을 넘어 한강유역으로 진출하는 길목에 위치하고 있어 그 지정학적 입지가 주목된다. 지금도 중요한 교통로 남아 있는 조령(鳥嶺)에 인접하고 있는 이 고분군은 6세기 무렵에 조성된 것이므로 신라 진흥왕(眞興王) 대에 이루어진 한강유역 진출을 위한 지방지배 및 전략을 읽을 수 있는 흥미로운 고고학자료로 평가된다.

한국역사고고학은 그 관심의 범위가 대체로 삼국시대 이전에 집중되는 경향을 보여왔으나, 최근 통일신라시대 이후의 고려시대는 물론이고 조선시대의 유적들도 다수 조사되면서 점차 시간 폭이 확대되어 가고 있는 추세이다. 중·근세고고학이 아직 역사고고학의 연구테마로 확립되지는 못했으나, 이 방면의 자료 축적은 머지않아 그러한 결실로 맺어지는 것이 바람직 할 것이다. 2006년도에 이루어진 중·근세시대 자료로는 부산 동래읍성의 해자, 충남 홍성 남장리 분묘군, 그리고 양주 회암사지 등을 꼽았다. 동래읍성은 임진왜란 최초의 전투가 있었던 무대임은 잘 알려진 바와 같으나, 도시화의 진전으로 인해 이 성의 본래 모습은 그간 알려지지 않은 부분도 많았다. 동래읍성에 해자가 있었다는 사실은 지금까지는 전혀 알지 못하였으나, 땅속 깊숙하게 묻혀있던 것이 지하철 공사과정에 수반된 이번의 조사를 통해 비로소 세상에 알려지게 되었다. 영원히 잊혀 질 뻔한 동래읍성 본래의 모습을 찾을 수 있었던 점은 물론이거니와 출토된 무기류등을 통해 임진왜란 당시에 사용된 무기류에 대한 이해도 가능하게 해주는 흥미로운 자료이다.

홍성 남장리유적은 그간 선사 이래의 다양한 시대의 유구들과 함께 나와 그 자체로서는 그다지 주목을 받지 못하였던 조선시대 분묘에 대한 본격적인 관심을 촉구하는 계기가 되는 자료이다. 조선시대의 묘제에 대한 연구가 없지는 않았으나 최근까지 축적된 자료의 양에 비추어 학계의 관심은 아직 저조한 실정이다. 움무덤과 회곽묘로 구성된 이 분묘군은 조선 초부터 17세기 무렵까지의 홍성 지역의 지방양반세력의 장례법과 매장양식을 연구하는 데에 크게 기여할 것으로 기대된다.

양주 회암사지는 고려 말~조선 초에 이르는 약 200여 년간 왕실 사찰로서 융성하였던 사찰인데, 이번 조사는 그 8차 조사결과이다. 조선시대 사찰은 삼국시대나 통일신라시대의 사찰에 비해 그 관심이 낮았던 것이 사실이지만, 과거사를 고고학적으로 이해함에 있어 종교영역이 차지하는 비중은 결코 무시할 수 없음은 당연하므로 장차 관심의 폭이 넓고 깊어져야 할 분야 가운데 하나이다. '황제(皇帝)' 명 막새기와 등은 고려시대 말의 정치적인 동향을 살피는데 도움이 되며, 절터 조사에서 흔히 대상이 되어 왔던 건물지 이외에 화장실 등의 사람들의 실생활과 밀접한 유구의 확인 등도 흥미로운 자료라 할 수 있다.

총괄 | 최맹식

기획 | 최맹식, 홍형우, 유은식

편집위원 | 최병현, 한창균, 이청규, 조상기

감수위원 | 최성락, 한창균, 이청규, 박순발, 김용성, 이상길, 이주헌, 박종익, 홍형우, 이규훈

논고집필 | 이청규, 박순발

편집 및 교정 | 홍형우, 유은식, 변영환, 이지연

영문번역 | 박해운

유물촬영 | 오세윤

편저자 | 국립문화재연구소
발행처 | 주류성 출판사
인쇄일 | 2007년 11월 12일
발행일 | 2007년 11월 20일
등록일 | 1992년 3월 19일 제 21-325호
주 소 | 서울특별시 서초구 서초동 1308-25 강남오피스텔 1212호
TEL | 02-3481-1024(대표전화)
FAX | 02-3482-0656
HOMEPAGE | www.juluesung.co.kr
E-MAIL | juluesung@yahoo.co.kr

Copyright ⓒ 국립문화재연구소, 2007.

값 18,000원

ISBN 978-89-87096-90-2

잘못된 책은 교환해 드립니다.